KB198948

제재 전쟁

피 흘리지 않는 전쟁이 온다

조의준 지음

판권

이 책은 2024년 11월 27일 초판 1쇄 발행됐다. 2024년 12월 23일 2쇄 발행됐다. 조의준이 썼다. 이연대가 편집하고 발행했다. 신아람이 CCO로 참여했다. 북저널리즘(bkjn) 시리즈는 책처럼 깊이 있게 뉴스처럼 빠르게 우리가 지금 깊이 읽어야 할 주제를 다룬다. 이 책의 발행처는 주식회사 스리체어스(threechairs)다. 주소는 서울시 종로구 효자로 15 2층, 웹사이트는 bookjournalism.com이다. 이 책 내용의 전부 또는 일부를 재사용하려면 반드시 저작권자와 스리체어스 양측의 동의를 받아야 한다.

초강대국 미국이 전쟁에 지쳤다.

그래서 택한 것이 '피 흘리지 않는 전쟁',

바로 제재다.

목차

프롤로그: 제재 전쟁이 온다

2020년 미국 대선이 끝났을 때만 해도 도널드 트럼프
대통령의 재등장은 상상하기 어려웠다. 대선 직후 폭도들은
미국 의사당을 점령했고, 워싱턴에는 야간 통행금지까지
선포됐다. 이 모든 책임은 트럼프에 돌아갔다. 사실상 정치적
사망 선고로 여겨졌다. 그사이 수많은 구설과 검찰 수사가
뒤따랐다. 그런데도 트럼프 대통령은 4년 만에 다시 백악관의
주인이 됐다.

    이는 단순히 미국의 정권 교체를 의미하는 것이
아니다. 초강대국 미국의 근원적 변화를 의미한다. 2차 세계
대전 후 계속돼 온 거추장스러운 '세계 경찰' 역할을 벗고,
'미국에, 미국에 의한, 미국을 위한' 새로운 질서를 만들겠다는
말이다.

    《조선일보》워싱턴 특파원으로 2016년 12월부터
2021년 2월까지 1기 트럼프 행정부 4년을 처음부터 끝까지
지켜봤다. 당시 '미국을 다시 위대하게(Make America Great
Again·MAGA)'라는 트럼프의 슬로건은 오로지 미국만의
이익을 따지겠다는 신앙 고백과 같은 것이었다. 그런 그가
이번에는 '미국을 구하라(Save America)'라는 구호로
돌아왔다.

    미국 안에 그만큼 기존 질서를 탈피하려는 '변화에

대한 욕망'이 크다고 볼 수밖에 없다. 이제 미국의 강력한
'변화에 대한 욕망'이 어디로 튈지에 따라 한국과 세계의
방향이 정해진다고 해도 과언이 아니다. 그러나 속지 말아야
할 것이 있다. 우리는 트럼프 대통령의 말이 아니라 행동에
주목해야 한다. 그의 쇼맨십에 휘둘리면 본질을 읽지 못한다.
그래서 이 책을 썼다. 세계 경찰을 그만두려는 미국은 도대체
무엇으로 패권을 유지하려 할 것인가.

2017년 3월 미국 상원 군사위원장이자 공화당
거물인 존 매케인 상원의원을 인터뷰했다. 세상은 취임한 지
두 달 남짓한 트럼프 대통령의 돌발 트윗과 갑작스러운 장관
대행 해고 등 예상치 못한 행동에 정신을 차리지 못할 때였다.

앞이 안 보이는 상황에서 도대체 '한국은 어떻게 해야
할까'를 묻기 위한 자리였다. 인터뷰 말미에 매케인 의원은
손을 따뜻하게 두드리며 "트럼프의 말이 아니라 행동을
보라"며 "트럼프의 진심은 행동에 있다"고 했다. 트럼프의
말이나 쇼에 휘둘리지 말고 미국 정부가 어떤 행동을
하는지에 초점을 맞추란 말이었다. 보좌진이 "다음 일정이
있어요. 빨리 끝내야 해요"라고 했지만, 그는 손에 꼼꼼하게
적은 메모를 들고 기자에게 계속 말을 했다. 노회한 정치인이
한국 정부에 하는 진심 어린 조언이었다. 이후 4년간 책상

위에 '말이 아니라 행동을 보라'는 글을 붙여 놓았다. 말에
휘둘리면 본질을 잃기 때문이다.

그해 말 미국 워싱턴 D.C.의 한 모임 자리였다.
모임에 참석했던 한국계 미국 변호사에게 "트럼프의 관세
폭탄 때문에 일거리가 엄청 많을 거 같아요"라고 했더니 그의
대답은 의외였다. "아니에요. 관세나 덤핑이 문제가 아니라
수출 통제(export control) 일거리가 훨씬 더 많아요. 이제
수출 통제가 메인이에요"라고 했다.

"수출 통제? 그게 뭐예요?"라는 반문에 그 미국
변호사는 답답한 듯한 미소를 지었다. "그거 있잖아요.
제재(sanction)하고, 중국이나 이런 데 수출해서는 안 되는
물건들 골라내는 거요. 그런 걸 수출 통제라고 해요"라고 했다.
그러면서 "우리 로펌에선 이미 관세보다 수출 통제가 훨씬 더
큰 일거리예요"라는 것이었다.

트럼프 대통령은 어느 날은 중국과 무역 전쟁을
선포했고, 다른 날은 북한 김정은을 겨냥해 트위터에
'(핵무기) 장전 완료'라고 써서 올리는 좌충우돌 행보를
하고 있었다. 그러나 트럼프의 '말폭탄' 속에서 미국의 실제
전장은 조용히 '제재'와 '수출 통제'로 이동하고 있었다.
트럼프는 "힘을 통한 평화"라는 말로 대외적으로 군사적

근육을 과시했지만, 실제 전투는 제재와 수출 통제를 통해 이뤄지고 있었다. 물밑에 흐르는 새로운 거대한 조류를 처음 본 순간이었다.

제재라는 거대한 조류는 더욱 빨라지고 있다. 버락 오바마 행정부는 8년간 약 2350건의 제재를 했지만, 트럼프 행정부의 제재는 4년간 3900여 건에 달했다. 그런데 조 바이든 행정부에선 6000건 넘는 제재를 했다. 전 세계 국가 3분의 1에 미국의 제재 대상이 있을 정도다.

미국이 국제 질서를 유지하는 방식이 제재와 수출 통제로 바뀐 것은 트럼프 대통령의 등장과도 연관이 된다. 바로 초강대국 미국이 '전쟁에 지쳤기' 때문이다. 그래서 택한 것이 '피 흘리지 않는 전쟁', 바로 제재다.

트럼프 대통령은 집권 1기 내내 "미국은 세계 경찰이 아니다"라고 했다. 이는 피곤한 삶과 전쟁에 지친 미국인들의 마음을 사로잡았다. 트럼프 대통령이 처음에 "아프가니스탄에서 철군하겠다"고 했을 때, 미국의 주류 외교 안보 학자들은 "미친 짓"이라고 했지만, 결국 정권이 바뀌고 조 바이든 대통령 때 완전 철군을 했다. 아프가니스탄은 다시 탈레반에 정권이 넘어갔지만, 미국은 아무런 조치도 취하지 않았다.

과거 미국은 에너지 안보를 위해서라도 중동 등 전 세계 무역로에 개입할 필요가 있었다. 원유의 젖줄인 중동을 안정시켜야 했기 때문이다. 그런데 지금 미국은 셰일 혁명으로 사우디아라비아보다 많은 원유를 생산하고, 천연가스는 너무 많이 나와 불태우는 상황까지 와버렸다. 미국은 나 홀로 있어도 부족하지 않은 국가가 됐다. 여기에 AI와 바이오 등에서 후발 주자와의 격차는 더욱 커지고 있다.

미국은 2차 세계 대전 이후 끊임없이 전쟁에 말려들거나 전쟁을 주도했다. 1, 2차 세계 대전에서 미국 전사자는 52만 명이었다. 6·25 전쟁에서는 3만 8000명이 또 죽었다. 이후 베트남에서 5만 명이 죽었다. 2000년 이후에도 7000명의 군인이 죽었고, 같은 기간 외상성 스트레스 장애(PTSD)로 3000명의 군인이 자살했다. 미군은 지금도 매일매일 세계 어디선가 죽고 있다.

이번 우크라이나 전쟁에서 미군은 전선 근처도 가지 않았다. 단지 러시아에 대한 대규모 제재 패키지를 발표하고 돈과 무기만 보냈을 뿐이다. 특히 우크라이나 전쟁은 2차 세계 대전 이후 승전국 중심으로 구축된 질서를 뿌리부터 흔들었다. 중국과 러시아의 이탈로 유엔 안보리가 제 기능을 못 하면서 유엔 체제는 사실상 무너졌다. 미국은 이제 '내

편'을 챙겨서 끌고 나가려 할 것이고, 반대로 '네 편'과는 점점 멀어질 것이다. 다시 냉전 시기처럼 전 세계의 블록화가 진행될 수밖에 없다.

제재와 수출 통제는 미국 입장에서 최선의 선택이다. 미국의 수출에서 제조업이 차지하는 비중은 5퍼센트에 불과하고, 그마저도 고부가 가치 상품이 대부분이라 제재 대상 국가로 직접 수출되는 경우는 적다. 또한 미국은 세계 최대의 수입국이라 세계 각국의 기업들이 미국 눈치를 볼 수밖에 없다.

미국의 가장 강력한 무기는 '달러'다. 세계 무역에서 달러화가 차지하는 비중은 40~50퍼센트에 달한다. 나머지 30퍼센트 이상을 차지하는 유로화 결제도 미국 금융망을 통해 이뤄지는 경우가 많다. 결국 미국이 가운데서 돈줄을 잡고 있으면 누구도 마음대로 거래할 수 없다. 미국은 자기 피를 흘리지 않고도 상대를 말려 죽이는 전법을 쓸 수 있다.

전 세계 기업들은 너무 복잡해진 수출 통제와 제재 프로그램에 비명을 지르고 있다. 네덜란드의 농협 격인 라보은행은 연간 제재와 자금 세탁 방지 비용으로만 1조 5000억 원 가까운 돈을 쓰고, 영국의 핀테크 기업 레볼루트는 제재와 자금 세탁 방지 인력이 전체 직원의 3분의 1에 달한다.

한국이 조용한 것은 제재 위반이 없어서가 아니라 아직 제대로 이슈가 되지 않고 있어서다. 제재 대상과의 거래로 계좌가 동결되거나 물품 대금을 못 받는 경우는 생각보다 많다. 외교관들의 얘기를 들어 보면 제재를 받을 뻔한 많은 사건이 있었지만, '동맹'을 고려해 미국이 '봐준' 경우도 많았다.

한국 정부와 여론은 미·중 패권 경쟁 속에서 한국이 줄타기를 통해 이익을 극대화해야 한다는 입장으로 기울어져 있다. 이러한 줄타기를 통한 이익 극대화가 아주 불가능한 일은 아니지만, 현실에 대한 냉정한 판단이 필요하다. 지금처럼 '아닌 척', '모르는 척', '순진한 척'하는 전략이 언제까지 작동할 수 있을지 알 수 없다.

그래서 이 책을 썼다. 전 세계에 일어나는 제재 현실을 알려 주는 책은 아직 한국에 없다. 워싱턴에서부터 7년간 수집한 자료와 최근 6개월 동안 외신과 해외 보고서를 검토하며 자료를 모았다. 생크션랩(SanctionLab)이라는 회사를 만들어 뉴스와 정보 제공도 시작했다. 미국은 제재에 걸려도 회사 내에 제재 규정 준수 프로그램(Sanction Compliance Program·SCP)이 있으면 벌금을 깎아 주고 경고만 하는 경우도 많다. 그러나 우리나라에서는 은행과 글로벌 대기업을 제외하면 제재 규정 준수 프로그램의 존재조차 모른다. 이런 간단한 사실상의 '보험'조차 국내 기업들은 알지 못한다. 위기에 무방비로 노출돼 있다.

한국은 눈을 더 크게 뜨고 세상의 변화를 바라봐야 한다. 현재 한국 내에서는 반도체 패권 전쟁에만 초점이 맞춰져 있지만, 반도체는 글로벌 제재 전쟁의 일부일 뿐이다. 이 책에서 반도체 관련 내용을 최소화한 이유도 여기에 있다. 반도체뿐만 아니라 자동차, AI, 바이오, 암호화폐, 핀테크, 소셜 미디어, 패션, 심지어 수산물까지 모든 분야에 영향을 미치는 새로운 규제의 물결이 몰려오고 있다. 이 책에 소개된 많은 사례는 국내 주요 언론에 소개되지 않은 것들이다.

워싱턴 D.C.에는 사야리(Sayari)라는 금융 정보 분석 회사가 있다. 2017년《뉴욕타임스》는 사야리를 인용해 북한과 연간 100만 달러 이상 거래하는 중국 기업이 300곳이 넘는다고 보도했다. 북한의 무역을 손금 보듯 분석한 사야리는 워싱턴 D.C.의 차이나타운에 있는 허름한 건물에 입주해 있었다. 그들은 어떻게 이런 정보를 알 수 있을까. 실제 만나 본 사야리 대표는 "우리는 전 세계에 공개된 모든 정보를 긁어 와서 분석하고, 그물망처럼 정보를 엮는다"며 "지금까지 아무도 이런 데이터를 모아 볼 생각을 안 했을 뿐"이라고 했다.

사야리는 이렇게 전 세계 6억 개의 기업과 6억 8000만 명의
정보를 긁어모아 연결했다.

　　미국은 이제 버튼만 누르면 전 세계 무역망의
실핏줄까지 다 알 수 있다. 미국에는 저런 정보 업체가
사야리만 있는 게 아니다. 만약 중국이 대만을 침공하거나,
러시아-우크라이나 전쟁이 유럽으로 확대되거나, 중동의
혼란이 걷잡을 수 없게 되면, 미국은 그동안 감춰 왔던 버튼을
눌러 무역망의 실핏줄까지 정밀 타격할 수 있다.

　　지정학의 중요성이 다시 강조되고 있다. 냉전
이후 끝난 줄 알았던 정치 우위의 시대가 다시 돌아왔다.
기술만큼이나 정치와 안보가 경제 성공과 실패를 좌우하는
새로운 키워드가 됐다. 이미 해외 테크 뉴스의 중심은 기술이
아니라 제재와 규제가 됐다.

　　이러한 제재는 산업 전반으로 급속히 확산할 수 있다.
패션 부문에선 어느 지역에서 생산된 옷감을 사용하는지가
중요한 문제가 됐다. 위구르족 탄압으로 전방위 제재를
받는 중국 신장 위구르 지역이 세계 면화 생산의 5분의 1을
담당하기 때문이다.

　　'한강의 기적'은 우리의 근면뿐 아니라, 냉전 시기
지정학적 이점을 최대한 활용한 결과이기도 했다. 세계 3차

대전은 사라예보의 총성 같은 무력 충돌이 아니라, 세기를 넘어 언제 끝날지 모르는 '제재 전쟁'의 형태가 될 가능성이 크다. 제재 전쟁의 먹구름이 전 세계를 감싸고 있다.

이 책을 사랑하는 부모님과 아내와 아이들에 바친다. 글로벌 제재 컨설팅, 정보 매체라는 비전에 함께해 준 생크션랩 동지들에게는 성장으로 보답하고 싶다. 그리고 무엇보다 모든 면에서 부족한 나를 지금껏 이끌어 주신 하나님께 감사드린다.

1장. 퍼펙트 스톰

제재는 쉽게 말해 글로벌 왕따 게임이다. 미국은 아예 북한, 이란 등을 향해 정치·외교적으로 왕따(pariah)라는 용어를 사용한다. 우리 팀에 들어오지 않으면 고립시켜서 살 수 없게 만들겠다는 것이다. 그런데 이 왕따 게임은 국가 이익을 지키기 위한 정교하고 치밀한 정치·외교 전략이다. 미국의 제재가 전 세계에 통할 수 있는 이유는 세계 대전 이후 유럽과 일본 등 든든한 우군이 일부 삐걱거림은 있어도 지속해서 함께해 온 덕분이다.

미국은 제재를 위해 주로 네 가지 전략을 사용한다. 바로 1차 제재, 2차 제재, 수출 통제, 금융 제재다. 이 모든 제재는 서로 연결돼 있다.

1차 제재(primary sanction)는 미국 시민, 미국 내 거주자, 미국 법인(미국의 관할권 내에서 활동하는 모든 미국인과 미국 내 법적 주체)에 적용되는 제재를 말한다. 미국 정부는 이들에게 특정 국가, 인물, 단체와의 거래를 금지한다. 예를 들어 미국인이 이란, 북한, 쿠바 등 제재 대상국과 금융 거래를 하거나 물품을 제공하는 행위는 직접적인 위반으로 간주된다.

여기서 주의할 점은 미국인이 아닌 한국인이라도 미국 달러로 거래하면 1차 제재의 대상이 될 수 있다는 것이다. 미국 돈인 달러를 잘못 사용했다는 이유다. 미국 달러가 글로벌 시장의 '공식 화폐'처럼 쓰이는 만큼 그 영향력은 엄청나다. 파나마같이 미국 통화를 법정 통화로 사용하는 나라에도 적용될 수 있다. '달러가 사용되면 미국의 관할권'이라고 생각하면 된다.

마찬가지로 한국에 있는 회사가 미국산 컴퓨터 부품이나 소프트웨어를 가지고 북한과 거래를 하려고 하면, 미국은 당연히 "그건 안 돼!"라며 제재할 수 있다. 예를 들어 미국산 윈도우가 들어 있는 상품을 북한에 판다면 제재 위반이다. '미국산' 물건을 제재 대상에 팔아서는 안 된다는 논리다.

2차 제재(secondary sanction)는 외국인 또는 외국 법인이 제재 대상국이나 제재 대상자와 거래할 때 처벌하는 것이다. 2차 제재는 주로 이란, 북한, 러시아 같은 국가와 거래하는 대상에게 적용된다. 특히, 미국의 금융 시스템을 사용하지 않더라도 해당 국가가 제재 대상 국가와 '상당한' 거래를 할 경우 제재를 받을 수 있다.

예를 들어 북한과 거래하는 중국 회사를 제재 대상에

올리고, 이 회사의 미국 내 자산을 동결하고, 달러 거래를
막아 버릴 수 있다. 달러 거래가 막히면 사실상 수출입이
불가능해져 회사는 상당한 타격을 받을 수밖에 없다. 물론
이런 거래는 중국의 국내법으로는 아무 문제가 없을 수 있다.
하지만 미국은 미국 법을 적용해 '달러'를 무기로 삼아 교역을
막아 버리는 것이다.

미국은 2차 제재의 근거를 미국의 적성국에 대한
제재 대응법(Countering America's Adversaries Through
Sanctions Act·CAATSA) 등과 같은 법률로 규정하고 있다.
이 법에 따라 제재 대상 국가와 거래하는 외국 기업도 제재를
받을 수 있도록 한 것이다.

예를 들어 유럽의 한 은행이 이란과 석유 거래를
중개하면 미국은 그 은행에 2차 제재를 가할 수 있다. 해당
은행은 미국 금융 시스템에서 퇴출되거나 미국과의 거래가
차단될 수 있다. 즉, 미국은 직접적인 관할권이 없는 국가나
기업에도 영향을 미칠 수 있는 강력한 통제력을 행사한다.

수출 통제(export control)는 인류 역사와 거의
동시에 시작된 제재 방법이다. 자국의 물건을 상대방에게 못
팔게 하는 것이다. 미국은 이 제재를 전 세계에 적용한다. 수출
통제의 핵심은 미국산 물품 또는 미국 기술이 포함된 제품이

제재 대상국에 수출되거나 제3국에서 재수출되는 것을 막는 것이다. 첨단 제품에 미국산 기술이 안 들어가는 경우는 거의 없다. 일반적인 상품이라도 미국산 기계나 미국산 소프트웨어로 만들어지면 미국의 허락 없이 팔 수 없는 경우가 많다.

미국의 수출 통제는 수출관리규정(Export Administration Regulations·EAR)에 따라 시행된다. 이 규정은 미국산 물품이 외국으로 수출될 때는 물론이고, 외국에서 생산된 물품이라도 미국산 기술이나 부품이 10퍼센트 이상 포함되면 적용될 수 있다. 예를 들어 한국에서 생산된 전자 제품에 미국산 반도체가 들어 있다면 그 제품을 이란에 수출하는 것이 금지될 수 있다.

수출 통제의 대상에는 핵심적인 군사 장비뿐만 아니라 이중 용도 품목(dual-use items)도 포함돼 있다. 주로 민간 용도로 사용되지만 군사적으로도 활용될 수 있는 제품들이 수출 통제 대상이 된다. 일반적인 드론이라도 작은 폭탄을 넣어 공격할 능력을 갖출 수 있으면 이중 용도 품목이 될 수 있다. 자동차도 힘이 좋은 경유 트럭은 이중 용도 품목으로 관리될 수 있다.

금융 제재(financial sanction)는 21세기에 '발견된'

새로운 제재 방식이다. 미국도 이런 식의 제재가 가능한 줄 몰랐다가 전 세계의 금융망이 거미줄처럼 발전하면서 '우연히' 알게 됐다. 금융 제재는 제재 대상 국가나 개인, 기업을 글로벌 금융 시스템에서 차단하는 방식인데, 특히 미국 달러화와 국제 금융 네트워크를 통한 거래를 통제하는 데 중점을 둔다.

미국은 특별 제재 대상(Specially Designated Nationals and Blocked Persons·SDN) 리스트에 등재된 사람이나 기업의 자산을 동결한다. 이 리스트에 올라가면 미국 내 모든 자산이 동결되고, 미국인이나 미국 기업과의 거래가 금지된다. 즉, 아까 1차 제재에서 설명했듯 달러 거래도 못 하게 된다. 사실상 국제 금융 시장에서 퇴출당하는 것이다. 이 때문에 제재 대상자들은 월급도 현금으로 받고, 현금을 은행에 넣어 둘 수 없어 집에 쌓아 놓기도 한다. 또 특별 제재 대상에 등재된 사람이 50퍼센트 이상의 지분을 보유한 기업도 같은 제재를 받는다.

미국은 제재 대상국에 금융 서비스 제공도 금지한다. 예를 들어 보험, 재보험, 신용 거래 등을 포함한 모든 금융 서비스가 제재의 대상이 된다. 이렇게 되면 보험이 필수적인 선박 운영까지 차질을 빚게 된다.

결국 제재는 글로벌 힘 싸움이다. 이 과정에서 미국은 '내 편 네 편'을 확실히 나누고 동맹국에 대한 영향력을 강화한다. "내가 너희를 지켜 주니, 우리 제재에 동참해"라는 식이다. 이를 통해 미국은 패권국의 지위를 유지할 수 있다.

그러나 모든 것이 미국과 서방의 뜻대로 되는 것은 아니다. 러시아는 수많은 제재에도 경제력을 회복하고 있고, 북한과 이란도 이를 악물고 제재를 버티고 있다. 이 '제재 전쟁'이 세기를 넘어 계속될 수 있는 이유다.

미국 여권 없는 미국인

미국이 글로벌 제재를 시행할 수 있는 근거는 '미국인'의 개념이 전 세계로 확장된다는 것이다. 제재 규정에서 말하는 '미국인'은 단순히 미국에서 태어나거나 미국 여권을 가진 사람만을 의미하지 않는다. 미국인으로 취급되는 사람이나 기업에는 미국과의 법적 또는 경제적 연결 고리를 가진 다양한 주체들이 포함된다. 미국 정부의 제재 규정에서 정의하는 미국인은 다음과 같다.

첫째, 미국 시민이다. 미국에서 태어나거나 귀화해

미국 여권을 가진 사람은 당연히 미국인이다. 둘째, 미국 영주권자다. 그린카드를 가진 사람도 미국인의 범주에 들어간다. 셋째, 미국 내에 거주하는 사람이다. 미국에서 거주하며 활동하는 외국인도 미국인으로 간주할 수 있다. 넷째, 미국 법인과 미국 내 지사다. 미국에 설립된 회사 또는 미국 내 지사가 있는 외국 회사도 미국 법에 따라 제재 대상이 될 수 있다. 다섯째, 미국인의 자회사다. 미국인이 50퍼센트 이상 지분을 보유한 회사는 사업체가 외국에 있어도 미국 제재 규정이 적용될 수 있다.

그럼 위 규정으로 왜 한국인이 미국인처럼 취급받을 수 있는지 알아보자. 한국에서 한국인이 설립한 회사라 해도 그 회사가 미국에 지사를 두고 있다면, 그 회사는 미국 법에 최대한 맞춰야 한다. 한국 본사가 이란 기업과 거래를 추진할 경우, 미국 지사에 영향을 미칠 수 있기 때문이다. 더군다나 이란과의 결제가 미국 달러로 이뤄진다면 미국의 금융 시스템을 거칠 수밖에 없다. 그 순간 해당 거래는 미국의 관할권에 속하게 된다.

앞서 설명했듯 한국 회사가 미국에서 만든 기술이나 제품을 사용해서 무언가를 만들고 있다면, 그것이 한국에서 생산된 제품이라도 미국의 수출 통제 규정을 따라야 한다.

예를 들어 한국 회사가 미국산 반도체나 기술을 사용한 스마트폰을 생산해서 이란에 팔려고 한다면, 미국은 "우리 기술이 사용됐으니까 그건 안 돼"라고 말할 수 있는 것이다.

회사가 한국에만 있다고 해도 만약 그 회사에 미국인 대주주가 있거나 미국 영주권자가 일하고 있다면, 그 회사는 미국의 규제 영향을 받을 수 있다. 미국은 자국민의 활동을 제재 규정으로 엄격하게 통제하고 있기 때문이다.

결국 제재 규정에서 정의하는 '미국인'은 단순히 미국 여권을 들고 있는 시민권자가 아니라, 미국과 경제적·법적으로 연결되는 모든 사람과 기업을 포함한다. 수출입이나 금융을 하면서 세계의 패권국인 미국과 관련이 없기란 사실상 불가능하다. 이로 인해 미국의 제재 규정이 국경을 넘어 전 세계로 확장될 수 있다. 우리가 한국인이면서도 미국인으로 취급되는 이유다.

금융 제재의 시작

아이러니하게도 미국이 처음부터 의도적으로 제재 시스템을 구축한 것은 아니다. 특히 금융 제재가 그렇다.

금융이 글로벌화되는 외중에도 미국은 자신에게 그런 힘이 있는지조차 처음에는 몰랐다.

미국의 초기 제재 대상은 공산주의 쿠바 외에도 멕시코, 콜롬비아 등 마약 카르텔이 활동하는 국가, 리비아 같은 이른바 '불량 정권'이었다. 1990년대까지만 해도 금융 제재를 총괄하는 재무부 산하 '해외자산통제국(OFAC)'은 회의실 한 칸을 쓰는 작은 조직이었다. 주요 업무 중 하나는 쿠바산 시가의 미국 내 판매를 차단하는 정도였다.

그러다 2001년 9·11 테러로 재무부는 새로운 권한을 부여받는다. 미 의회가 금융 기관이 소비자 거래 기록을 보관하고 이를 법 집행 기관에 넘기도록 강제한 것이다. 여기에 전 세계 금융망이 연결되면서 미 재무부는 어느새 전 세계의 자금 흐름을 파악할 수 있는 방대한 정보를 보유하게 됐다.

처음에는 재무부도 그 위력을 몰랐다. 그러다 조지 W. 부시 대통령 재임 시절이었던 2005년 북한이 미국 재무부도 몰랐던 금융 제재의 힘을 일깨워 주는 사건이 발생한다.

2005년 9월 미국 재무부는 마카오에 있는 소규모 은행 방코델타아시아(BDA)를 북한의 위조지폐 제작·유통에 이용된 혐의가 있는 '돈세탁 우려 기관'으로 지정했다. 또 방코델타아시아와의 거래 위험성을 알리는 경고를 관보에 게재했다. 그 이후 재무부가 생각지도 못했던 놀라운 일이 일어났다.

미 재무부의 발표가 나오자 각국 금융 기관은 미국과 거래가 막히는 피해를 입지 않기 위해 방코델타아시아와의 거래를 끊었다. 방코델타아시아에 계좌를 가진 예금주들은 돈을 찾기 위해 앞다퉈 은행으로 몰려갔다. 결국 마카오 금융 당국은 뱅크런을 막기 위해 방코델타아시아의 계좌를 전부 동결해야 했다. 이 과정에서 북한 소유 계좌 50여 개에 예치돼 있던 2500만 달러도 동결됐다.

당시 상황을 알고 있는 한 외교관은 "북한이 먼저 전화해서 협상하자고 한 건 그때가 평생 처음이었다"라고 했다. 북한의 김씨 왕조는 통치 자금 없이는 굴러갈 수 없다. 간부들에게 선물을 주고, 충성에 맞는 보상을 해주지 않으면 체제가 유지되지 않는다. 북한은 난리를 치기 시작했다.

북한의 발작적 반응과 상관없이 각국 금융 기관은 그동안 거래해 온 북한 은행들의 계좌를 폐쇄하고 북한과의 거래를 피했다. 북한 은행들은 새로운 계좌를 만들 수도 없었다. 이로 인해 북한은 합법적 금융 거래도 할 수 없게 됐다.

미국은 북한의 위조지폐 제작과 유통 같은 불법
행위로 인한 자국의 피해를 막기 위해 '단속'을 한다는 명분이
있었다. 다른 나라들이 이의를 제기하기 어려웠다. 또한 일반
국민에게 피해를 주는 단순 경제 제재와 달리, 이러한 금융
제재는 북한 지도부에 직접적인 타격을 줄 수 있었다.

미 재무부 직원들은 환호했다. 총 한 발, 돈 한 푼 쓰지
않고 지구 반대편의 적을 겁먹게 했기 때문이다. 2015년부터
2017년까지 재무부 금융범죄단속네트워크(FinCEN)에서
고위직을 역임하고 현재 시러큐스대학에서 제재 정책을
가르치는 크리스틴 파텔은 《워싱턴포스트》에 "이것은
결정적인 순간이었다"며 "재무부는 제재라는 망치로 두들겨
대기 시작했다"고 평가했다.

북한은 국가의 돈줄이 마르는 사상 초유의 사태에
비명을 질렀다. 북한은 방코델타아시아에 묶인 자금을
돌려받기 전에는 핵 협상에 복귀하지 않겠다고 선언했다.
이로 인해 북핵 6자 회담은 1년 이상 열리지 못했다. 북한은
뒤로는 '제재를 해제해 달라'며 미국을 계속 압박했다.

북한은 2006년 7월 장거리 미사일을 발사하고
그해 10월 첫 핵 실험을 강행하는 초강수를 두며 벼랑 끝

전술로 나아갔다. 북한이 사실상 '레드 라인'으로 여겨졌던 핵 실험까지 하면서 위기 국면이 조성되자 미국 내에서도 북한을 6자 회담에 복귀시켜 비핵화 논의를 재개해야 한다는 목소리가 커졌다. 그러나 돈을 돌려주는 것이 동결하는 것보다 몇 배는 어려웠다.

북한은 영리한 요구를 했다. 그냥 돈을 받는 것이 아니라 국제 금융망을 통한 송금을 요구한 것이다. 앞으로도 금융 거래를 할 때 문제가 없다는 점을 확인받으려 했던 것으로 보인다. 문제는 어떤 금융 기관도 북한 자금에 손을 대려 하지 않는다는 것이다. 심지어 중국 은행조차 중개를 거부했다. 한국의 수출입은행과 개성공단에 개설된 우리은행도 거론됐지만 성사되지 않았다.

이번에는 중개자를 찾지 못한 미국이 발을 동동 구르는 상황이 됐다. 미국이 자국 은행에 협조를 요청했지만, 관련 언론 보도가 나오자 은행들은 거부했다. 면책 특권이 명시된 정부 문서를 요구하는 은행도 있었다.

결국 각국의 중앙은행을 통해 자금을 북한에 옮겨 주는 '글로벌 중앙은행 자금 세탁'이라는 기상천외한 방법이 동원됐다. 마카오 당국은 50여 개 계좌에 들어 있던 북한의 자금을 하나로 합쳐 뉴욕 연방준비은행으로 보냈고,

미국은 이 돈을 다시 러시아 중앙은행으로 송금했다. 러시아
중앙은행이 이를 북한 계좌와 연결된 러시아 극동은행에 보낸
뒤에야 돈은 북한으로 넘어갔다. 이 사건을 통해 제재가 한
번 시행되면 누구도 쉽게 되돌릴 수 없는 엄청난 위력을 가진
비가역적 조치라는 것이 입증됐다.

외교와 전쟁 사이

방코델타아시아 사례를 통해 새로운 힘을 깨달은 미국은 더욱
공격적인 제재 집행에 나섰다. 2010년 버락 오바마 대통령은
이란의 핵 개발을 저지하기 위한 제재를 승인했다. 미국은
재무부의 제재를 무시한 서방 은행들에 수십억 달러의 벌금을
부과했고, 제재를 이란뿐 아니라 이란과 거래하는 기업에도
적용했다. 결국 이란은 고립을 피하기 위해 핵 협상을
모색하기로 했다.

　　　제재라는 새로운 무기에 이란까지 협상장으로
나오자 미국의 제재 대상은 점차 확대됐다. 오바마 2기 임기
동안 콩고민주공화국 군 관리, 예멘 군 공급업체, 리비아
관리, 시리아의 알 아사드 대통령 등 많은 인물이 제재 대상에

올랐다. 미 의회도 미국 산업 보호를 위해 외국과의 경쟁 차단을 목적으로 하는 제재 요청을 백악관과 국무부에 쏟아냈다.

그 결과 현재 미국은 전 세계를 대상으로 다른 국가나 국제기구들보다 3배 많은 제재를 가하고 있다. 제재 대상이 있는 국가는 전 세계의 3분의 1에 달한다. 《워싱턴포스트》는 2024년 7월 "금융 제재는 거의 반사적으로 사용되는 무기가 됐다"고 지적했다. 제재 남용에 대한 비판을 담은 기사인데, 다른 한편으로는 현재 미국이 얼마나 제재에 집중하고 있는지를 보여 주는 내용이기도 하다.

제재가 폭증하면서 워싱턴에는 수십억 달러 규모의 '제재 산업'이 생겨났다. 외국 정부와 다국적 기업들은 제재에 영향을 미치기 위해 막대한 비용을 지출하고 있고, 로펌과 로비 업체들은 제재 담당 정부 관리들을 속속 고용하고 있다.

《워싱턴포스트》에 따르면 미국은 올해도 기록적인 속도로 제재를 가하고 있다. 현재 전체 저소득 국가의 60퍼센트 이상이 어떤 형태로든 미국발 재정적 불이익을 받고 있다. 주로 러시아와 중동, 그리고 남미의 마약 관련 문제들이다.

미 상무부 관리를 지낸 국제전략문제연구소(CSIS)

선임 고문 빌 라인시는 《워싱턴포스트》에 "제재는 외교와 전쟁 사이의 유일한 수단"이라며 "미국의 무기고에서 가장 중요한 외교 정책 도구가 됐다"고 했다.

일부 전문가들은 급증하는 제재가 통제 불능 상태로 치닫고 있다고 우려한다. 20여 년 전 제재 개념을 대중화한 조지 로페즈 노터데임대 교수는 "제재는 국가적 범죄와 취약성에 맞게 선택적으로 부과하는 '뷔페' 같은 것이어야 한다"며 "하지만 현재 정책 입안자들은 뷔페에 들어와 '내 접시에 모든 것을 쌓겠다'는 식으로 접근하고 있다"고 지적했다.

제재 대상이 너무 빠르게 증가해 해외자산통제국이 따라잡을 수 없을 정도가 됐다. 혼란이 커지자 대상 기관들의 해명 요청이 쇄도했고, 해외자산통제국을 상대로 한 소송 건수도 3배 증가했다. 제재가 늘자 재무부 직원들은 민간으로 이직해 수입을 4배 이상 늘리기도 했다.

제재가 급증하면서 제재 효과 논란도 생기고 있다. 트럼프 행정부는 2018년부터 베네수엘라의 니콜라스 마두로 정권을 무너뜨리기 위해 베네수엘라에 막대한 제재를 가했다. 미국은 베네수엘라 의회의 후안 과이도 의장을 베네수엘라 대통령으로 인정하기도 했다. 그러나 마두로를 축출하는 데 실패했고, 베네수엘라의 경제 붕괴로 주민들만 힘들게 만들었다는 비판을 받았다. 또한 트럼프 행정부는 아프가니스탄 내 미군의 전쟁 범죄 행위에 대한 조사를 개시한 국제형사재판소 관계자들을 제재하기도 했다.

　　이로 인해 바이든 정부 초기에는 제재 정책에 변화가 필요하다는 의견이 많았다. 《워싱턴포스트》에 따르면 2021년 여름 재무부 직원 5명이 40쪽 분량의 제재 시스템 개편 초안을 작성하며 실질적인 정책 개편을 제안했다. 그러나 이전 행정부들과 마찬가지로 바이든 정부도 제재 정책을 바꾸지 않았다. 재무부 고위직들은 제재조정관 신설 등 초안의 주요 내용을 삭제했다. 그해 10월쯤 되자 40쪽 분량의 초안은 8쪽으로 줄어 있었다. 4개월 뒤 러시아가 우크라이나를 침공하자 바이든 정부는 수천 건이 넘는 제재를 쏟아 냈다.

　　워싱턴에서는 전 세계 어디서든 무슨 일이 발생하면 곧바로 제재해야 한다는 반사적인 사고방식이 자리 잡게 됐다. 이제 제재는 미국이 해제하고 싶어도 해제할 수 없는 상태가 됐다.

1990년대와 2000년대 초반에도 제재는 있었다. 당시
제재의 주요 주체는 유엔이었다. 냉전 종식 이후 대량 살상
무기(WMD) 확산과 테러리즘, 내전이 국제 사회의 주요
안보 이슈로 부상하면서 유엔 안전보장이사회(안보리)는
2000년대까지 10여 개의 제재 프로그램을 채택했다. 이라크,
구(舊)유고슬라비아, 리비아, 캄보디아, 아이티, 앙골라,
시에라리온, 르완다, 소말리아, 콩고민주공화국 등에 경제적,
외교적 제재를 가했다. 당시만 해도 미국과 유럽 연합(EU)의
독자 제재는 주로 안보리 제재를 보완하는 수준에 머물렀다.
미국의 독자 제재는 쿠바와 중남미 지역 마약 카르텔 정도에
국한됐다.

　　　그러나 20여 년이 지나면서 상황은 크게 변했다.
일단 안보리 체제기 무너졌다. 중국과 러시아의 목소리가
커지면서 상임 이사국 5개국(미국, 영국, 프랑스, 중국,
러시아) 간의 이견 조율이 어려워졌다. 상임 이사국은 안보리
결의를 거부할 수 있는 거부권을 갖고 있다. 5개국 중 한
국가라도 거부권을 행사하면 안보리에서 결의를 채택할
수 없다. 그러다 보니 안보리가 제재를 하려 해도 중국과

러시아의 반대로 제재 범위와 수위가 악화했고, 이를 미국과 유럽이 독자 제재로 보완해야 했다.

2022년 러시아-우크라이나 전쟁은 유엔 안보리의 기능을 사실상 정지시키는 결정적 계기가 되었다. 안보리는 러시아의 침공을 규탄하고 철군을 요구하는 결의안을 상정했지만, 상임 이사국인 러시아의 거부권 행사로 부결됐다. 또 유엔 대북 제재의 감시탑 역할을 하는 대북 제재위 산하 전문가 패널도 2024년 4월 러시아의 반대로 활동을 멈추게 됐다. 이제 안보리를 통한 국제 사회의 단합된 제재는 20세기의 추억으로 남게 됐다.

중국과 러시아가 2차 세계 대전 이후 국제 질서에서 떨어져 나가면서 세계의 블록화는 가속화하고 있다. 러시아-우크라이나 전쟁에 따른 러시아 제재에는 미국과 EU가 한 몸으로 움직이며 연합군의 모습을 보인다. 여기에 한국뿐 아니라 일본, 캐나다, 호주, 뉴질랜드와 중립국인 스위스까지 제재에 동참하면서 사실상 자유 진영의 주요국이 전부 러시아 제재에 참여하는 모양새다. 러시아에 대한 금융 제재에는 전 세계 GDP의 60퍼센트, 전 세계 외환 보유액의 90퍼센트, 전 세계 투자액의 80퍼센트를 차지하는 국가들이 참여하고 있다.

그러나 국제 정세와 지정학의 변화만으로 미국

주도의 제재 프로그램 활성화를 모두 설명할 수는 없다.
근본적인 원인은 따로 있다. 미국이 군사적 충돌에 극도의
피로를 느끼고 있다는 것이다.

　　　미국이 제재에 점점 더 의존하게 된 이유는 전쟁에
대한 피로와 국제 관계에서의 전략 변화에 있다. 2차 세계
대전 이후 미국은 한국 전쟁, 베트남 전쟁, 이라크 전쟁,
아프가니스탄 전쟁까지 끊임없이 전쟁을 이어 왔다. 특히
9·11 이후 시작된 테러와의 전쟁은 국가가 아닌 테러 조직을
대상으로 한, 끝이 보이지 않고 승리 여부조차 불확실한
전쟁이었다.

　　　이 전쟁들은 막대한 경제적 비용과 인명 피해를
초래했다. 예를 들어 아프가니스탄 전쟁(2001~2021년)은
미국 역사상 가장 긴 군사 작전으로 꼽힌다. 브라운대 '전쟁
비용 프로젝트'는 이 전쟁의 총비용이 군사 작전비 8000억
달러를 포함해 2조 3000억 달러(3000조 원)에 달하는 것으로
추정했다.

　　　끝없이 들어가는 비용과 미국인들의 전쟁 피로감은
미국이 군사적 개입 대신 경제 제재와 같은 외교적 수단으로
정책을 전환하도록 이끌었다. 특히 셰일 오일의 발견으로
미국은 에너지 독립국이 되면서 해외에 의존할 이유도 사실상

사라졌다.

　　2016년 트럼프 대통령의 당선 역시 이런 배경에서
이뤄졌다. 트럼프는 미국의 군사 개입을 줄이고 '아메리카
퍼스트' 정책을 통해 자원과 인력을 국내에 집중시키는
것을 목표로 했다. 실제로 버락 오바마 행정부는 8년간 약
2350건의 제재를 시행했지만, 트럼프 행정부는 4년간 3900여
건을 기록했고, 바이든 행정부에선 3년 남짓한 기간에 이미
6000건을 넘어섰다. 정권을 떠나 제재에 집중할 수밖에 없는
흐름이 형성된 것이다. 공화당 정권인 트럼프 행정부 1기에서
추진한 아프가니스탄 철군을 바이든 행정부가 완성한
이유기도 하다.

글로벌 제재 폭풍

세계 최대 로펌 중 하나로 60여 개국에 4500여 명의 변호사를
두고 있는 글로벌 로펌 베이커 맥킨지는 2024년 3월부터
'다가오는 글로벌 제재 집행 폭풍에 대처하기'라는 블로그
시리즈를 시작했다. 법조계에서 가장 글로벌한 로펌으로
꼽히는 곳이 2024년의 키워드로 제재를 들고나온 것이다.

맥킨지는 블로그에서 "세계 각국 정부가 새로운 제재를 빠르게 부과하고 위반 사항 단속을 강화하고 있다"며 "변화하는 제재 환경에서 기업들은 마치 외줄 타기를 하는 것 같은 위험을 느낄 수 있다"고 했다. 그러면서 "기업은 한 번의 실수로도 막대한 벌금, 평판 손상, 심지어 형사 처벌에 직면할 수 있다"고 경고했다.

글로벌 제재에 대해서는 "왜 폭풍이냐고? 완벽한 폭풍이 몰려오고 있기 때문"이라며, "복잡해지는 규제, 늘어나는 제재 집행 기관, 이들의 강화된 집행 활동, 중복되거나 상충하는 국제 무역 규제의 거미줄 속에서 모든 규모의 기업이 위험에 처해 있다"고 설명했다.

맥킨지는 미국의 제재가 새로운 현상이 아니며, 우크라이나 전쟁이 제재 폭풍의 시작도 아니라고 밝혔다. 그럼에도 불구하고 미국의 제재 집행 기관들이 새로운 제재와 수출 통제를 강력히 집행하고 있다는 것이다. 그러면서 이제 기업들이 미국의 제재에만 집중하는 것으로는 충분하지 않다고 덧붙였다. 미국의 동맹들도 자체 제재 집행에 나서고 있기 때문이다.

영국은 새로운 제재 집행 기관을 설립하고 광범위한 권한을 부여했다. 미국과 동맹국들은 긴밀한 협력을 통해 정보 기반의 집행 모델로 전환하고 있다. 즉, 미국을 중심으로 서방이 하나의 블록을 결성해 전체적인 제재 그물을 촘촘히 짜고 있다. 제재 조사를 우려하거나 현재 제재 조사를 받는 기업은 이제 다국적 관점에서 최선의 접근 방식을 고려해야 하는 상황에 놓였다. 제재 위반과 적발은 기업이 인지하지 못한 상황에서도 발생할 수 있다. 내부 고발이 활성화하면서 직원이 규제 당국에 기업이 미처 생각하지 못한 부분을 제보할 수도 있다. 금융 기관의 규정 준수와 내부 통제가 강화하면서, 금융 기관들이 상품의 허가 여부를 살펴보고 이를 규제 기관에 보고하는 사례도 크게 늘었다.

맥킨지는 미국, EU, 영국의 세관이 이전보다 더 자주 선적을 중단하고 있으며, 특히 러시아로 향하는 선적에서 문제가 발생하는 경우가 많다고 밝혔다. 중국으로 가는 배에 대해서도 세관 당국이 점점 더 많은 질문을 던지고 있다고 전했다.

제재 폭풍의 복잡성을 더하는 요소는 제재 조사를 받을 때 여러 국가에서 동시에 조사를 받을 수 있다는 점이다. 한 사건을 두고 유럽, 영국, 미국에서 동시에 조사를 받을 수도 있다. 각국의 법체계와 조사 기관이 달라 기업들은 각국의 관행, 현지 법률, 관습 등을 모두 고려해야 한다.

2024년 9월 월가의 조사 기관인 야데니 리서치는 최근 경기 침체 우려보다 더 위험한 요소로 지정학적 리스크를 지적했다. '지정학적 위험이 넘쳐난다'는 제목의 리포트에서 야데니는 주식 시장의 가장 큰 위협 요소가 바로 지정학적 요소라고 강조했다.

중동에서는 이스라엘과 헤즈볼라, 이란 간의 충돌이 격화하고 있고, 우크라이나 전쟁도 벨라루스 등으로 확전할 가능성이 있다. 남중국해에서는 중국과 필리핀의 갈등이 심화하고 있고, 중국과 대만 사이에는 수시로 군사 작전이 벌어지고 있다. 이들 화약고 중 하나라도 불길이 거세져 터진다면 글로벌 제재 전쟁으로 번질 수 있다.

"제재의 피는 미국이 흘리지 않는다"

미국의 경제 제재는 여러 나라에 큰 영향을 미치지만, 정작 미국 경제에 미치는 영향은 적다. 미국은 세계 최대의 수입국이기 때문에 수출 통제 정책은 주로 다른 수출국이 맞추기 위해 노력해야 한다. 물론 미국도 공급망 혼란으로 인한 상품 가격 상승 등의 부작용을 겪을 수 있지만, 직접 생산하는 국가에 비해 상대적으로 혼란이 적다.

미국 경제에서 수출이 차지하는 비중은 10퍼센트 정도인데, 서비스업과 원자재 수출을 제외한 순수 제조업은 5퍼센트에 불과하다. 이 때문에 미국은 여러 수출 통제 조치에도 경제적으로 큰 타격을 받지 않는다.

반면 한국은 GDP의 40퍼센트를 수출에 의존한다. 미국이 수출 통제를 하면 경제가 휘청거릴 수밖에 없다. 미·중 기술 경쟁으로 반도체 수출 제한이 확대되면서, 한국은 미국의 새로운 규제에 따라 울고 웃는 상황이 연출되고 있다.

트럼프 전 대통령은 2018년 이란 핵 협정에서 탈퇴를 선언했다. 이란이 협정을 제대로 지키지 않고 있고, 협정으로 이란의 핵 개발을 막을 수 없다는 이유였다. 트럼프가 핵 협정에서 탈퇴하기 전해인 2017년 이란의 석유 수출량은 하루 180만 배럴에 달했지만, 2020년에는 하루 45만 배럴로 급감했다. 유럽을 포함한 많은 미국 동맹국들이 트럼프의 핵 협정 탈퇴를 공개적으로 반대했지만, 유럽 등의 은행들은 바로 이란과의 거래를 끊어 버렸기 때문이다.

베네수엘라 경제는 차베스 정권 이후 부패와 부실로 어려움을 겪고 있었다. 거기에다 트럼프가 제재를 강화한 2017년부터 집권 1기 임기를 마친 2020년 사이에 GDP가 추가로 50퍼센트 감소했다. 러시아의 경우 서방은 3000억 달러 이상의 러시아 자산을 동결하고, 석유 가격 상한제를 도입해 러시아에 500억 달러의 수익 손실을 입혔다.

　　미국은 제재의 핵심이라 할 수 있는 금융 부문에서 타격이 거의 없다. 러시아-우크라이나 전쟁 후 미국은 러시아에 수천 건이 넘는 제재를 가하고, '금융의 핵무기'로 불리는 국제은행간통신협회(SWIFT·스위프트) 체제에서 러시아를 퇴출시켰다. 그러나 미국 금융 기관은 이로 인한 피해가 크지 않았다.

　　반면 유럽의 금융 기관은 타격이 직접적이었고 더 컸다. 유럽은 지리적·역사적으로 러시아와 긴밀한 경제적 연결을 가지고 있고, 에너지 수입 의존도가 높기 때문이다. 국제결제은행(BIS)에 따르면 2021년 9월 기준으로 유럽 은행들의 러시아에 대한 위험 노출액(익스포저)은 700억 유로(104조 원)로 추산됐다. 반면 미국은 380억 달러(50조 원)로 상대적으로 적었다. 유럽 은행들은 러시아에 묶인 자금 때문에 배당을 취소하기도 했다.

　　제재 준수를 위한 금융 기관과 기업들의 지출은 급증했다. 글로벌 정보 분석 기업 렉시스넥시스의 최근 연구에 따르면 2023년 미국과 캐나다 기업들은 금융 범죄

준수, 즉 자금 세탁 방지(Anti Money Laundering·AML)와
제재 준수에 650억 달러(85조 원)를 지출했다. 아시아-
태평양 지역의 준수 비용도 450억 달러(59조 원)로 추산됐다.
실제로 미국이 2020년 홍콩의 민주주의 탄압을 이유로 캐리
람 홍콩 행정장관을 제재하자 홍콩 은행들이 람과의 거래를
거부했고, 람은 월급을 현금으로 받아 집안에 보관할 수밖에
없었다고 공개적으로 불평하기도 했다. 이는 중국 은행들조차
미국의 제재에 눈치를 보고 있음을 의미한다.

물론 허점도 있다. 미국이 러시아를 스위프트망에서
퇴출했지만, 러시아 내부에선 큰 혼란이 없었다. 러시아가
이런 상황에 대비해 오랜 기간 준비를 해왔기 때문이다. 국제
결제는 어려워졌지만, 러시아는 암호화폐 거래 등을 통해
무역을 유지할 수 있었다. 러시아의 거래 상대국이 유럽
등에서 중국 등 특정 국가로 좁혀졌지만, 치명타를 입지는
않았다.

러시아는 미국과 서방 국가들이 부과한 석유 가격
상한선을 여전히 우회하고 있다. 이른바 '유령 선단'을 구성해
석유를 실어 날랐고, 이 석유는 중국과 인도 등으로 팔려
나갔다. 가격 상한제를 피하기 위해 허위 문서를 사용하는 등
노골적인 제재 회피 사례도 있었다. 이로 인해 러시아산 원유

가격과 국제 원유 가격의 차이도 점차 줄어들고 있다.

　　중국 역시 언젠가 서방으로부터 경제적으로 고립될 상황에 대비해 세계와 거래할 수 있는 독자적인 결제망 구축을 모색하고 있다. 중국은 CIPS라는 국경 간 결제 시스템을 만들어 신규 회원을 모집 중이다. 아직 참여 기관은 적지만, 2020년 이후 중국의 대외 무역에서 위안화 결제 비중이 20퍼센트에서 35퍼센트로 증가했다.

　　중국과 러시아의 목표는 국제 결제 시스템에서 달러화를 대체하려는 것이 아니다. 미국의 적대국과 비동맹국들이 원활하게 거래할 수 있는 대체 결제 인프라를 구축하는 것이다. 실제로 우크라이나 전쟁 이후 러시아가 어느 정도 가능성을 보여 줬다.

2장. 집요한 미국

미국은 2024년 4월 제재 위반에 대한 공소 시효를 기존 5년에서 10년으로 연장했다. 미 법무부가 공소 시효를 10년으로 늘리는 법안을 2022년 7월부터 추진했으니 2년도 안 돼 법안이 통과되고 시행된 것이다. 이는 한국보다 더 갈라진 여야 대립이 있는 미국 의회에서 이례적으로 빠른 속도다. 사실상 여야가 초당적으로 동의한 법안이라는 뜻도 된다. 해외자산통제국은 제재와 관련한 기록 보관 기한도 5년에서 10년으로 늘렸다.

미국이 제재 위반 공소 시효를 5년에서 10년으로 연장한 가장 큰 이유는 제재 위반을 더 오랫동안 감시하고 적발하겠다는 것이다. 제재 위반은 유령 회사와 자금 세탁을 거쳐 국제 거래 속에서 은밀히 이뤄진다. 위반 행위가 드러나기까지 시간이 오래 걸릴 수밖에 없다. 공소 시효 연장은 그 자체로 위반 기업들에 경고의 메시지가 된다. 이전에는 공소 시효가 5년이라 법적 조사나 소송이 지연되면 제재 위반자가 처벌을 피할 가능성이 있었지만, 10년으로 늘어나면서 이러한 가능성이 작아졌다.

이 과정에서 기업의 인수 합병을 저해할 수 있다는

비판도 있었다. 현실적으로 인수하는 기업의 10년 전 제재 위반까지 알기 어렵기 때문이다. 그러나 미국 정부와 정치권은 이런 비판에 개의치 않았다.

공소 시효 연장은 단순한 법적 조치를 넘어, 미국이 국가적 차원에서 전략적 결정을 내릴 수 있는 여지를 확대한다. 대북 제재만 해도 이미 미 재무부 등에는 잠재적 제재 대상 리스트가 수십, 수백 개가 있는 것으로 알려졌다. 이 리스트를 보고 필요할 때 미국 정부는 제재를 발동한다. 공소 시효 연장으로 미국은 자신들의 세계 전략에 따라 꺼내 쓸 수 있는 더 많은 옵션을 확보하게 된 것이다.

제재의 그물망이 촘촘해지면서 기업들이 자발적으로 제재 위반을 신고하는 건수도 증가하고 있다. 10년간 두려움에 떠느니 빨리 털어 버리자는 분위기가 커지고 있다.

2024년 6월 다국적 로펌 베이커 맥킨지의 웨비나에서 로렌스 샤이너트 해외자산통제국 부국장은 "대부분의 집행 사건이 민사 처벌 없이 해결되고 있다"면서 "다양한 비공개 활동을 진행하고 있고, 과거보다 더 많은 자발적 신고를 받고 있다"고 밝혔다. 특히 가상화폐와 핀테크 부문의 제재 위반에 초점을 맞추고 있다고 전했다. 사실상 해외자산통제국의 제재 활동은 드러나지 않은 경우가 더

많고, 기업들이 자발적 신고로 문제를 해결하고 있다는
것이다.

공급망 데이터베이스

2017년 4월 미·중 정상 회담을 앞둔 시점이었다. 중국이 유엔 대북 제재를 준수하지 않고 있다는 이유로, 미국은 북한과 거래한 제3국 기업과 개인에 대한 전면적인 2차 제재 적용을 검토하고 있었다. 이런 상황에서 《뉴욕타임스》는 북한과 연간 100만 달러 이상 거래하는 중국 기업이 300개에 달한다고 보도했다.

미국 워싱턴 D.C.에 기반을 둔 금융 제재 분석 전문 회사인 사야리의 보고서를 기반으로 한 보도였다. 사야리에 따르면 당시 3~4년 동안 북한과 거래한 중국 기업은 약 600개로, 총 거래 금액이 80억 달러에 달했다. 이 중 300개 기업은 연간 대북 거래 규모가 100만 달러를 넘었고, 연간 1000만 달러 이상 거래한 기업도 최소 50여 개로 집계됐다.

북한의 2015년 대외 무역액이 62억 5000만 달러였던 점을 감안하면 일부 중국 기업이 북한 대외 무역의 생명줄 역할을 한 셈이다. 사야리는 북한 외화 수입의 40퍼센트 이상을 중국의 600개 기업이 책임지고 있다고 분석했다. 사야리 애널리틱스의 패틀리 메스코 대표는 "중국의 공식 수출입 통계와 각 기업의 회계 자료, 항구와 공항의 수출입 자료 등 공식 자료를 토대로 북한과 거래하는 중국 기업을 파악하고 있다. 음지에서 이뤄지는 북·중 거래는 더 많을 수 있다"고 했다.

많은 중국 기업들은 미국과 유엔 안보리가 대북 제재를 대폭 강화한 2013년 이후에도 북한과 꾸준히 거래를 유지한 것으로 조사됐다. 3~4년간 연평균 1000만 달러 이상 거래한 50개 기업 중 절반 이상이 2016년에도 북한과 무역을 이어 갔고, 연간 100만 달러 이상 거래한 기업의 3분의 1도 2016년까지 거래 관계를 지속했다고 보고서는 밝혔다. 다시 말해 미국과 유엔의 대북 제재가 중국 기업에 고통을 줄 만한 수준이 아니고, 중국 당국도 이를 묵인하고 있다는 뜻이다.

사야리 애널리틱스는 "최소 15개 중국 회사는 2013년 이후 북한과의 거래 총액이 1억 달러 이상에 달하며, 20개 회사는 미국의 제재 대상인 북한 기업과 합작 회사를 세우기도 했다"고 밝혔다. 이는 모두 대북 제재 위반 소지가 있는 것이다.

도대체 이런 정보는 어떻게 알아낼 수 있었을까.
중국과 북한의 거래는 대북 제재 위반 가능성이 있어
비밀리에 이뤄질 수밖에 없다.

당시 찾아간 사야리는 워싱턴 D.C.의 차이나타운에
있는 허름한 건물에 입주해 있었다. 이곳에서 공개된 정보를
통해 전 세계의 모든 거래 데이터를 모으고 있었다. 2017년
당시 20평 남짓한 공간에서 10여 명의 젊은 직원들이 컴퓨터
앞에서 데이터를 취합하고 있었다. 필자와 인터뷰한 사야리
대표는 "우리는 전 세계의 공개된 정보를 모두 긁어 와서
분석합니다. 그럼 그물망처럼 정보가 엮이죠. 지금껏 아무도
다 모아 볼 생각을 안 했을 뿐이에요"라고 설명했다.

1년쯤 지나 구글에 '사야리'를 검색해 보니, 미
재무부의 구인 공고가 눈에 띄었다. '사야리의 통계를
분석할 직원을 뽑는다'는 내용이었다. 미국 정부가 이 작은
스타트업의 정보를 분석하기 시작한 것이다. 구인 공고는
짧게 올라왔다가 사라졌는데, 미국이 스타트업의 정보까지
사들여 전 세계 거래망을 전부 추적하고 있음을 보여 준다.

사야리의 홈페이지에 따르면, 이들은 53억 개의
기록과 6억 1100만 개의 기업, 6억 8100만 명의 인물
데이터베이스, 20억 건의 관계망을 통해 공급망을 추적하고

있다. 또 인권 탄압 논란으로 미국의 집중 제재 대상이 된
중국 신장 위구르 지역의 160만 개 기업과 이들과 거래하는
기업들의 정보도 보유하고 있다고 광고한다. 이들의 공급망
데이터베이스 수준은 일반의 상상을 뛰어넘는다.

　　　　미국이 버튼만 누르면 공급망 끝단까지 파악할 수
있다는 것은 최근 중국에서 북한 노동자가 생산한 수산물이
한국에 공급되며 벌어진 소동에서도 알 수 있다. 북한 노동자
고용은 유엔 안보리 대북 제재 위반이다. 북한 노동자가
벌어들인 외화가 핵무기와 탄도 미사일 개발에 쓰이지
못하도록 하기 위해서다.

　　　　미국 비영리 단체 '아웃로 오션 프로젝트'는 2024년
2월 북한 주민의 강제 노동으로 생산된 중국산 수산물이
한국에 대량 수입돼 유통되고 있다고 밝혔다. 이 단체는 중국
회사의 무역 자료와 수출입 코드, 제품 포장 등을 분석해, 북한
노동자를 고용한 중국 수산물 가공 회사 여섯 곳 중 최소 세
곳이 2020년부터 2022년까지 한국에 수산물 420톤을 수출한
사실을 확인했다. 이 수산물은 중국 다롄항에서 출발해
부산항으로 들어온 뒤 전국에 유통됐다. 이들 회사에는 최소
400명의 북한 노동자가 일하는 것으로 파악됐다.

　　　　2024년 6월에는 사야리가 확보한 데이터가 추가로

《조선일보》에 실렸다. 북한 노동자를 고용한 중국 수산물 가공 회사 다섯 곳이 2021년부터 2023년 말까지 158회에 걸쳐 한국의 36개 업체로 수출한 물량이 4360톤에 달한다는 것이었다. 몇 달 전 보도보다 수출 물량이 10배나 늘었다. 이 중 가장 큰 업체로 알려진 '롄 하이칭 푸드'는 서울, 경기, 부산 등 6개 한국 업체에 2544톤에 달하는 냉동 대구, 연어, 황태채 등을 수출한 것으로 나타났다. 수입된 수산물은 300~400억 원어치로 추산됐다. 사야리의 정보망을 통하자 더 구체적인 공급망 사슬이 나온 것이다.

사야리는 2024년 초 미국 대체 자산 전문 투자 펀드에 2억 3500만 달러에 인수됐다. 제재와 공급망 정보가 '대체 자산'으로 평가된 것이다. 사야리는 약 7년간 6500만 달러의 벤처 투자를 받았고, 정부에서 받은 프로젝트 금액만 3000만 달러가 넘는다. 현재 사야리는 미국 재무부, 국무부, 국방부 등 13개 부처에 정보를 제공한다.

미국에는 사야리 같은 정보 분석 업체가 많다. 금융권을 대상으로 자금 세탁과 제재 관련 정보를 수집·분석하는 스타트업이 수없이 많다. 미국 정부는 이런 업체들의 정보만 모아서 분석해도 웬만한 공급망 정보는 손금 보듯 다 알 수 있다. 또한 미국 정부는 불법적인 선박 간

환적을 위성으로 들여다보며 일거수일투족을 감시한다.

혁신기술기동타격대

바이든 행정부에서 법무부(DOJ)는 국가안보국(NSD)에
25명 이상의 검사를 배치해 제재 및 수출 통제 위반 적발과
기소를 강화했다. 과거 국가안보국은 대테러와 사이버 안보에
중점을 뒀지만, 최근에는 기업과 개인의 수출 통제 위반
적발에 인력을 대거 배치하고 있다. 제재 위반, 수출 통제 위반
사건을 더욱 신속하게 처리하기 위한 것으로 해석된다.

　　이 같은 대규모 검사 배치는 제재 회피 단속을 더욱
엄격히 하겠다는 의지의 표현이다. 실제로 2022년부터
2023년까지 법무부는 31건의 수출 통제 및 제재 위반 사건을
기소했는데, 약 10년 전인 2014년에는 단 1건에 불과했다.
기소 전에 합의한 사건까지 합하면 실제 적발 건수는 훨씬 더
늘어날 수 있다.

　　2023년 2월 미국 법무부와 상무부는
혁신기술기동타격대(Disruptive Technology Strike
Force·DTSF)를 발족했다. 정부 전반의 전문가를 모아 제재

위반자를 골라내고 공급망을 강화하려는 취지다. 특히 핵심 기술 자산 보호를 목표로 한다. 타격대는 연방수사국(FBI), 국토안보수사국(HSI), 국방범죄수사대(DCIS), 미국 전역 검찰청 등 다양한 기관의 전문가로 구성됐다. 미국 전역의 법 집행 기관을 하나로 묶어 제재 단속에 나선 것이다. 타격대는 범죄 기소, 벌금, 제재 리스트 추가 등 모든 도구를 사용할 수 있다.

혁신기술기동타격대는 출범 1년 만에 제재 및 수출 통제 위반, 밀수 음모 및 기타 범죄와 관련된 16건의 사건을 기소했고, 29개 단체에 임시 금지 명령을 내렸다. 또 미국 기술 탈취를 시도한 20개 이상의 중국 단체를 미 재무부의 제재 리스트에 추가했다.

바이든 행정부 들어 기업들의 자발적 제재 위반 신고가 증가한 것은 이러한 제도적 단속이 강화되면서 빠져나갈 구멍이 줄어들었기 때문이다.

미국 정부의 제재와 수출 통제 위반 수사가 활발해지면서 관련 합의금도 급증했다. 2023년 제재 위반으로 미 재무부와 기업 등이 합의한 금액은 15억 달러로 사상 최고치를 기록했다. 그러나 이는 형사 처벌과 관련한 합의금에 불과하다. 민사 벌금은 아직 제대로 부과되지도 않았다. 민사 벌금까지 합하면 벌금액은 몇 배로 늘어날 수 있다.

　　　전쟁만이 문제가 아니다. 2023년 2월 러시아 야당 지도자 알렉세이 나발니가 사망한 이후, 미 재무부는 추가로 300명의 개인과 단체를 제재 목록에 추가했다. 새로운 제재 대상에는 중국, 리히텐슈타인, 아랍에미리트(UAE) 등 11개국의 단체가 포함됐다. 또 러시아 기술에 자금을 지원하는 투자 및 벤처 캐피털 펀드 5곳과 러시아 금융 기관에 소프트웨어를 제공하는 핀테크 기업 6곳도 제재 대상에 올랐다.

　　　이러한 제재의 홍수로 은행들은 긴장 상태에 있다. 미국 법무부는 러시아와 직·간접적으로 관련된 거의 모든 거래가 제재 관점에서 높은 위험을 안고 있다고 경고한다. 제재 위반은 법을 어긴 사실을 몰랐더라도 집행될 수 있어서 은행 임원과 리스크 관리자는 더욱 촉각을 곤두세우고 있다.

　　　우크라이나 전쟁 외에도 다른 지정학적 '핫스팟'들이 떠오르면서 제재 합의금은 앞으로 더욱 증가할 것으로 보인다. 예를 들어 최근 몇 년간 미국의 새로운 제재 대상으로 부상한 중국 기업들은 대만이나 남중국해에서 갈등이 발생하면 추가 제재의 대상이 될 수 있다. 또한 이란 및 이란의

대리인(레바논, 시리아, 예멘)과 이스라엘 간의 분쟁도 미국
제재의 새로운 초점으로 떠오르고 있다.

카리브해의 골든 비자

어쩌면 이제 투자를 통해 해외 영주권이나 시민권을 취득해
상대적으로 여유롭고 안락한 삶을 살아 보겠다는 꿈은 21세기
초반에 잠시 유행했던 추억으로 남을지도 모른다. 제재와
자금 세탁 우려로 '시민권 비즈니스'마저 미국이 틀어막기
시작했기 때문이다.

미국은 러시아의 제재 우회를 막기 위해 카리브해
소국들까지 규합하고 있다. 도미니카 뉴스에 따르면
2024년 8월 미 재무부와 동카리브 국가 5개국(앤티가
바부다, 도미니카 연방, 그레나다, 세인트키츠 네비스,
세인트루시아)은 러시아인과 벨라루스인에게 '골든 비자'를
발급하지 않기로 했다. 이들 카리브해 국가의 시민권이나
영주권은 10~30만 달러만 투자하면 살 수 있어 러시아
부유층이 자금 회피 목적으로 이용해 왔다. 미국은 이런
부분까지 직접 개입해 러시아의 제재 회피와 자금 세탁

차단에 나섰다.

2024년 8월 그레나다에서 열린 세 번째 미-카리브 라운드테이블에서는 모든 비자 신청자를 대상으로 인터뷰를 진행하고, 러시아와 벨라루스 출신 신청자의 처리는 중단하기로 합의했다. 각 신청자의 자금 출처는 해당 국가의 금융정보당국(FIU)을 통해 심사되며, 미 재무부가 이를 지원한다. 미국은 이를 관리할 임시 규제 기관 설립을 돕기로 했다. 사실상 미국이 설립한 규제 기관이 카리브해 국가들의 비자 발급을 낱낱이 살펴보겠다는 의미다.

미국의 우려에 유럽도 공감하고 있다. 유럽 각국에서도 러시아와 중국 부유층의 제재 회피와 자금 세탁 방지를 위해 골든 비자 제도가 빠르게 사라지고 있다. 2023년 2월 아일랜드와 포르투갈은 골든 비자 제도를 사실상 폐지했다. 아일랜드는 100만 유로 이상을 투자하면 거주권을 주는 프로그램을 운영했지만, 2022년 신청자의 93퍼센트가 중국인으로 확인되자 안보와 자금 세탁 우려를 이유로 제도를 급작스럽게 종료했다. EU와 OECD의 강한 압박이 있었기 때문이다.

포르투갈은 골든 비자를 부여하는 투자 규모가 28만 유로로 다른 EU 국가에 비해 크게 낮았다. 그러나 부동산 가격 급등과 우크라이나 전쟁 후 러시아 부유층의 합법적인 자금 세탁 창구가 될 수 있다는 우려가 제기되자 폐지하기로 했다. 스페인 역시 2024년 골든 비자 제도 폐지를 발표했다.

수출 통제의 작동 방식

미국의 수출 통제와 제재의 기본 원리를 이해하려면 이 시스템이 다양한 법률을 기반으로 운영된다는 점을 알아야 한다. 미국의 수출 통제 체계는 원자력법, 무기수출통제법, 국제긴급경제권법, 핵확산방지법, 수출관리법, 수출통제개혁법 같은 법률을 바탕으로 이뤄진다.

1954년에 제정된 원자력법은 민간과 군사적 용도의 원자력 기술 사용과 수출을 규제한다. 주관 기관인 원자력규제위원회(NRC)와 에너지부(DOE)가 핵 기술의 군사적 전용 가능성을 샅샅이 조사한다. 특히 1978년 제정된 핵확산방지법(NNPA)은 핵 물질과 관련 기술의 수출을 제한하고, 수출 전에 엄격한 허가를 요구한다. 이 법은 국제원자력기구(IAEA)와의 협력을 통해 시행된다. 특히 미국은 원자력 강국인 한국이 언제든 핵무기를 만들 수 있다는 의심을 거두지 않고 있어, 이 분야에서 한국에 더욱 엄격한 잣대를 들이대고 있다.

1976년에 제정된 무기수출통제법(AECA)은 무기 및 군수품의 수출을 통제한다. 국무부 산하 방위무역통제국(DDTC)이 이 법을 근거로 국제무기거래규정(ITAR)을 통해 무기의 국제 거래를 관리한다.

1977년 제정된 국제긴급경제권법(IEEPA)은 대통령에게 국가 안보와 외교 정책을 위해 외국과의 거래를 제한할 수 있는 권한을 부여하는 법이다. 이 법은 미국 대통령이 행정 명령을 통해 경제 제재와 수출 통제를 시행할 수 있는 가장 중요한 근거법이다. 미국 대통령은 이 법에 근거해 비상사태를 선포하고 경제 제재와 수출 통제를 실시한다.

수출관리법(EAA)은 1979년에 제정돼 이중 용도, 즉 상업적 및 군사적으로 모두 활용 가능한 기술의 수출을 통제한다. 상무부 산업안보국(BIS)이 이 법을 집행한다. 이 법은 2018년에 제정된 수출통제개혁법(ECRA)으로 더 현대화됐다. 수출관리법이 냉전 시기에 제정돼 군사 기술에 초점을 맞췄다면, 수출통제개혁법은 AI와 사이버 보안, 양자 컴퓨팅 등도 포괄할 수 있도록 했고, 미국 기술을 사용해 외국에서 만들어진 제품도 통제할 수 있도록 규제 범위를 확장했다.

　　이런 법령들을 실질적으로 집행하기 위한 하위 규정들도 존재한다. 예를 들어 해외자산통제규정(FACR)은 국제긴급경제권법에 근거해 재무부 산하 해외자산통제국이 관리한다. 특정 국가와 개인에 대한 경제 제재와 수출 통제를 시행한다. 수출관리규정은 수출관리법과 수출통제개혁법에 따라 상무부 산업안보국이 집행한다. 이 규정은 이중 용도 품목과 관련 기술뿐만 아니라 미국산 물품이 해외에서 재수출되거나 해외에서 직접 생산품이 만들어지는 경우도 통제 대상으로 삼아 미국의 기술적 우위가 유지되도록 한다. 예를 들어 미국 기술을 사용한 반도체 제조 장비로 생산된 반도체는 해외에서 만들어졌더라도 미국 규제의 적용을 받게 된다. 대부분의 첨단 제품에서 미국 기술이 필수적이라는 점을 고려할 때, 현실적으로 전 세계 첨단 제품 대부분이 미국 규율의 영향을 받는 셈이다.

　　국제무기거래규정은 무기수출통제법에 근거해 군수품과 방위 기술의 수출을 엄격히 규제한다. 방위무역통제국이 이를 실행한다. 이 외에도 국무부의

국제안보비확산국(ISN)은 대량 살상 무기 확산을
막기 위해 비확산 조약과 협정을 관리하고, 관련 기술
및 물자의 수출을 통제하는 데 주력한다. 국방부 산하
국방기술보안청(DTSA)은 미국의 군사적 우위를 지키기 위해
군사적으로 사용될 수 있는 기술의 수출을 통제한다.

이처럼 미국은 다양한 법과 규정, 기관을 통해 수출
통제와 제재를 시행하고 자국의 경제적, 기술적, 군사적
우위를 유지하고 있다.

3장. 제재인가, 응징인가

"숨기다 걸리면 죽는다"

미국은 제재 위반에 엄정한 잣대를 들이대고 천문학적인 벌금을 부과한다. 특히, 제재 위반 사실을 자발적으로 신고하지 않고 숨기거나 거짓말을 하다 발각되면 아무리 대기업이라도 휘청할 정도의 처벌을 내린다. 사실상 "거짓말하다 걸리면 죽는다"는 식의 처벌이 이뤄지고 있다.

프랑스 은행 BNP파리바는 제재 대상 국가인 이란, 쿠바, 수단 등의 고객과 불법 금융 거래를 했다는 이유로 2014년 미국 법무부로부터 89억 달러(11조 원)의 벌금을 부과받았다. BNP파리바가 2004년부터 2012년까지 이들 국가로 중개한 자금은 89억 달러였다. 그중 미국 정부가 제재 리스트에 올린 개인이나 단체로 흘러 들어간 돈은 43억 달러였다. 그러자 미국이 89억 달러라는 천문학적 벌금을 매긴 것이다.

거액의 벌금이 나온 가장 큰 이유는 거짓말을 했다는 것이다. BNP파리바는 제재 대상 국가와 관련된 금융 거래를 감추기 위해 제3국으로 돈을 '세탁'하려 했지만, 제3국으로 돈을 보낼 때도 미국의 금융 시스템을 거칠 수밖에 없었고 결국 꼬리가 잡혔다. BNP파리바는 송금 메시지에서 이란,

쿠바, 수단 등 제재 대상 국가의 이름을 삭제하는 방식으로 거래 목적과 당사자를 은폐했다. 사내 변호사들이 해당 행위가 불법이라고 경고했지만, 거래를 계속했다. 또 미국 당국의 조사와 경고에도 거래를 중단하지 않았다가 결국 막대한 벌금을 맞았다.

북한에 담배를 팔았다가 6억 2900만 달러(8300억 원)의 벌금을 부과받은 브리티시아메리칸토바코(BAT)도 징벌적 벌금을 받은 사례로 꼽힌다. 담배 밀수출이 안보에 위협이 되지는 않지만, 미국은 BAT의 거짓말에 철저히 책임을 물었다.

BAT는 출발부터 미국을 속이려 했다는 의심을 받는다. BAT는 2007년 공식적으로 북한 시장에서 철수한다고 발표했다. 그러나 실제로는 자회사 BAT마케팅싱가포르(BATMS)가 관리하는 제3자 회사를 이용해 비밀리에 북한과 거래를 이어 나갔다.

BAT는 대북 제재를 회피하기 위해 싱가포르의 제3자 회사를 통해 북한에 담배를 공급하고 거래 자금 4억 1500만 달러를 유령 회사를 통해 이동시켰다. 미국 법무부와 해외자산통제국은 BAT와 그 자회사가 2007년부터 2017년까지 북한과 지속 거래하면서 미국 금융 시스템을 통해 자금을 이체한 정황을 포착했다.

　　　2023년 4월 BAT는 미국 법무부와의 협상 끝에
6억 2900만 달러의 벌금을 부과받았다. 대북 제재 위반
사건으로는 역대 최대 규모의 벌금이다. 핵 개발이나 무기
개발, 혹은 사치품을 수출한 회사가 아닌 담배 회사가 북한
관련해서 역사상 가장 큰 벌금을 받은 것이다. 특히 BAT가
조사를 받는 동안 미 법무부와 해외자산통제국에 제대로
협력하지 않았다는 보도도 나왔다. '괘씸죄'에 걸린 것이다.

　　　미국 제재를 비웃을 것 같은 러시아 회사도 제재를
당하면 파산한다. 전 세계가 거래를 끊어 버리기 때문이다.
2018년 8월 미 재무부는 러시아 블라디보스토크의 '구드존
해운'과 '연해주 해운 물류 회사' 등 러시아 해운 회사 두 곳을
대북 제재 위반으로 독자 제재 대상에 올렸다. 이와 함께 이
회사와 연계된 러시아 선적의 선박 6척도 독자 제재 대상에
포함했다. 재무부는 이들이 유엔 안보리 결의에서 금지하는
방식인 선박 대 선박 환적을 통해 공해상에서 북한에
불법으로 정제유 제품을 전달했다고 밝혔다.

　　　그러자 구드존과 장기 계약을 맺었던 모든 외국
회사들이 계약을 파기했다. 구드존의 겐나디 코노넨코 사장은
당시 러시아 타스 통신과의 인터뷰에서 "거의 모든 외국

회사들이 계약을 파기했다. 정부의 재정 지원 없이는 회사가 조만간 부도 선언을 할 수밖에 없다"고 했다. 구드존 소속 화물선 세바스토폴호가 부산에 입항했을 때 한국 정유사들이 미국의 제재를 우려해 연료 공급을 거부하면서 몇 달간 부산항을 떠나지 못하는 일도 있었다.

결국 2021년 9월 러시아 연해주 법원은 구드존의 파산을 승인했다. 법원은 구드존이 임금 체불을 포함해 약 1330만 루블(18만 2000달러)의 부채를 갚지 못했다며 파산 절차를 허가했다.

이처럼 미국의 제재는 국경을 넘어 파괴력을 발휘한다. 미국의 제재를 위반하면 달러 거래에 문제가 생기고, 사실상 전 세계 국가들과 거래할 수 없게 되기 때문이다.

"노트북을 열지 마세요"

미국의 제재 위반 단속은 갈수록 엄격해지고 있다. 방산업체 직원이 미국에서 통제하는 기술이 들어 있는 노트북을 들고 이란이나 중국 같은 제재 대상 국가에 가서 노트북을 켜면 그

자체로 제재 위반이 된다.

　　2024년 9월 미 국무부는 방산업체 RTX와 수출 통제 위반 혐의에 대해 2억 달러(2660억 원)에 합의했다고 발표했다. RTX는 과거 레이시온테크놀로지스가 여러 방산 사업부를 통합해 재편한 회사다. RTX의 혐의 관련 보도 자료를 보면 재미있는 사례가 많다. 특히 국방 기밀이 담긴 노트북을 해외 출장에 가져갔다가 미국의 안보를 위태롭게 했다는 내용이 집중적으로 소개됐다. 직원들의 보안 유출을 엄하게 단속하겠다는 경고성 보도 자료인 셈이다.

　　상당수 제재 위반 사례가 직원들이 이란과 러시아 같은 제재 대상 국가로 출장을 가면서 회사 노트북을 가져가 발생했다. 이들의 노트북에는 이지스 탄도 미사일 방어 시스템, B-2 스피릿 폭격기, F/A-18 E/F 슈퍼 호넷, F-35 라이트닝 II 같은 민감한 군사 프로그램 정보가 담겨 있었다.

　　예를 들어 한 직원은 2021년 5월과 6월 러시아 상트페테르부르크로 출장을 가면서 국방 기술 정보가 포함된 회사 노트북을 들고 갔다. RTX 사이버 보안팀이 여러 차례 경고 메시지를 보냈지만, 이 직원은 잘못 온 메시지로 생각하고 노트북을 그대로 사용했다.

　　또 다른 직원은 이란 여행 중에 회사 노트북에

로그인을 시도했다. RTX 보안팀이 이를 적발해 노트북을 동결했는데, 하드 드라이브에는 B-2 스피릿 폭격기와 F-22 랩터 전투기의 기술 데이터가 들어 있었다. 만약 이 컴퓨터가 해킹됐다면 미국 국방 기밀이 그대로 노출될 수 있었다.

다른 직원은 레바논을 여러 차례 방문했다. RTX 내부 조사에서 이 직원의 노트북에 스탠더드 미사일-3, 스탠더드 미사일-6, ESSM 미사일 관련 기술 정보가 들어 있는 것이 확인됐다. 미 국무부는 "미국 정부가 이 보고서에 언급된 파일 사본을 검토한 결과, 기술 데이터의 무단 유출이 미국의 국가 안보를 해치고 국방부의 기록 프로그램에 부정적인 영향을 미쳤다"고 밝혔다.

미국은 '기밀 노트북 출장' 위반 사례를 적대국에 한정하지 않고, 독일, 일본, 호주 등 우방국으로 출장 간 것도 문제 삼아 벌금을 부과한다. RTX 같은 초대형 방산업체조차 수출 통제 위반에서 자유롭지 않다.

이번 합의는 RTX가 2017년 8월부터 2023년 9월까지 무기수출통제법 및 국제무기거래규정 위반 750건을 자진 신고한 결과로 이뤄졌다. 국무부는 "광범위한 수출 통제 준수 검토를 거친 후 RTX와 합의에 도달했다. 이번 합의에는 무단 방위 물품 수출과 금지 지역으로의 직원 데이터 이동 등이 포함됐다"고 설명했다. RTX 대변인은 "이번 조치는 2024년 7월 25일에 열린 회사 2분기 실적 보고에 이미 공개된 회사의 기대와 일치하는 것"이라고 했다. 2억 달러의 벌금을 물고도 '이 정도면 선방했다'는 입장을 낸 것이다.

미국은 무기 수출 통제에는 다른 나라에도 자신들과 같은 기준을 요구한다. 미 상무부 산업안보국은 2024년 4월 오커스(AUKUS) 파트너십에 따라 호주와 영국에 대한 주요 수출 통제 규제를 완화한다고 발표했다. 오커스는 미국, 영국, 호주 사이의 안보 협력을 강화하고 방위 기술 혁신을 목표로 하는 동맹으로, 사실상 중국 견제를 위해 출범했다. 이번 규제 완화는 호주와 영국을 캐나다와 같은 수준으로 대우한다는 것이다. 이는 2021년 오커스 출범 이후 호주와 영국이 미국의 기준을 맞추는 데 약 3년이 걸렸음을 의미한다. 다만 생화학 무기나 감청 기술 같은 특정 기술 제품은 여전히 수출 통제를 받는다.

미국은 이번 조치의 배경으로 호주와 영국이 강력한 수출 통제 시스템을 구축하고 있다는 점을 꼽았다. 이제 미국의 국방 협력은 단순히 동맹국이라는 이유만으로 이뤄지는 것이 아니라, 철저한 수출 통제 시스템을 갖춘 국가에 한해 가능하다는 것을 보여 준다.

미국의 제재는 대학이라고 예외가 아니다. 다른 나라 연구소에 실험용으로 보냈어도 무기에 적용될 가능성이 손톱만큼만 있으면 초파리 유출도 처벌한다.

2024년 6월 미 상무부 산하 산업안보국은 인디애나대학교가 유전자 변형된 초파리를 16개국 연구소에 무허가로 보낸 것과 관련해 이 대학의 수출 권한을 1년간 정지시켰다. 이 초파리가 독소를 생성할 수 있도록 유전자가 변형된 것이었기 때문이다. 구체적으로 '리신A'라는 독소를 만들어 낼 수 있도록 설계됐는데, 리신A는 사람이 극미량만 흡입해도 치명상을 입을 수 있다.

물론 이 초파리 한 마리가 생산하는 리신A 독소의 양은 인체에 영향을 미칠 수준이 되지 않는다. 그러나 미 상무부는 "작은 유전자 변형 초파리라도 화학 및 생물학 무기 통제 규정에 해당한다"고 했다. 아무리 사소한 일이라도 일벌백계해 이런 일이 없도록 하겠다는 것이다.

인디애나대학교는 산업안보국과의 합의에 따라 위반 사항을 인정하고, 1년간 수출 권한 정지 처분을 받았다. 또한, 수출관리규정에 관한 교육을 관리자들에게 제공하고,

이를 교내에서 발표하기로 했다.

프린스턴대학교에서도 비슷한 사건이 있었다. 2013년부터 2018년 사이, 프린스턴대학교는 화학 및 생물학 무기로 이용될 가능성이 있다는 이유로 통제되는 다양한 동물 병원체 변종과 재조합체를 미국에서 한국을 비롯해 벨기에, 영국, 싱가포르, 캐나다, 프랑스, 이스라엘, 일본, 덴마크, 스위스, 호주, 헝가리, 포르투갈, 인도, 중국 등 여러 국가의 해외 연구 기관으로 수출했다.

프린스턴대학교는 2021년 2월 미 상무부와 합의해 5만 4000달러의 벌금을 내기로 했다. 또한, 수출 통제 준수 프로그램에 대한 내부 감사를 받고, 독립된 제3자 컨설턴트에게 외부 감사도 받기로 했다.

미국 내 중국 유학생이 증가하면서 미국은 대학도 틀어막기 시작했다. 대학은 학문을 연구하는 곳이라 이전에는 제재에서 다소 거리를 뒀지만, 이제는 대학도 예외가 아니다.

2024년 8월 산업안보국은 미국 대학들에 수출관리규정 위반 가능성을 자발적으로 신고할 것을 권고하는 주의 사항(note)을 발표했다. 이는 자발적 신고를 통해 문제를 해결하지 않으면 제재를 받을 수 있다는 경고의 의미를 담고 있다. 특히 중국 유학생의 증가와 대학을 통해

해외 연구 기관으로 기밀이 유출되는 사례가 늘면서 경고
수위를 높인 것이다.

주의 사항에서 산업안보국은 최근 제재 위반 사례를
유형별로 제시하며 대학들이 위반하지 않도록 주의를
촉구했다. 특히 '간주 수출'에 대한 위험성을 경고했다. 간주
수출은 미국 내에서 외국인에게 국가 기밀성 첨단 기술이나
소프트웨어를 공개하는 행위를 말한다. 산업안보국은 최소
9건의 신고가 외국인 학생이나 직원에게 통제 기술을 허가
없이 공개해 이뤄졌다고 밝혔다. 이 경고는 대학 실험실에
중국이나 이란 국적자 등의 외국인을 두지 말라는 의미로
해석됐다. 이에 대학들은 의무 교육 프로그램을 도입하고,
내부 통제 시스템을 강화하는 조치를 취해야 했다.

징역에 경영권 박탈까지

미국은 제재 회피 방조에 강력한 처벌을 가한다. CEO는
감옥에 갈 뿐 아니라 사실상 경영권을 박탈당하기도 한다.
2023년 11월 미 재무부는 세계 최대 암호화폐 거래소
바이낸스(Binance)에 34억 달러(4조 5000억 원)의 벌금을

부과했다. 재무부가 부과한 벌금으로는 역대 최고 액수였다. 나중에 법무부가 부과한 벌금까지 합하면 총 43억 달러(5조 7000억 원)에 이른다.

2017년 창립된 바이낸스는 암호화폐 시장이 빠르게 성장하면서 기업 규모를 급속히 키웠지만, 자금 세탁 방지와 고객 확인 절차를 충분히 시행하지 않았다. 바이낸스 내부적으로 제재와 자금 세탁 방지 절차를 강화해야 한다는 보고가 있었지만, 경영진은 이를 무시하고 중국, 일본, 몰타, 케이맨 제도 등으로 사업을 확장하는 데만 치중했다. 당연히 제재 회피와 자금 세탁의 온상이 될 수밖에 없었다.

그러자 국제 테러 조직과 제재 대상들이 바이낸스로 몰려왔다. 하마스, 팔레스타인 이슬라믹 지하드(PIJ), 알카에다, ISIS 등이 바이낸스에 둥지를 틀었고, 이란, 북한, 시리아, 크림반도 등 제재 대상 국가와 지역도 바이낸스에서 거래를 했다. 바이낸스가 고객의 신원 확인 절차를 엄격하게 하지 않고, 심지어 익명 거래까지 허용했기 때문이다. 테러 단체와 제재 대상들이 바이낸스를 통해 세탁한 자금은 수십억 달러로 추정되며, 2022년부터 2023년 사이에만 100억 달러 이상이 세탁됐다는 분석도 있다.

미 재무부와 법무부는 가만히 있지 않았다. 재무부

산하 금융범죄단속네트워크와 해외자산통제국이 동시에 수사에 착수했다. 법무부는 검사 10여 명을 투입해 집중 수사에 나섰다.

2023년 10월 이스라엘-하마스 전쟁은 바이낸스에 치명타를 입혔다. 미국 정치권은 바이낸스를 테러 자금의 원천으로 지목하며 강력한 단속을 요구했다. 결국 그해 11월 바이낸스는 유죄를 인정하고 43억 달러의 벌금을 지불하기로 합의했다. 암호화폐의 제왕이라 불리는 바이낸스의 창업자 자오창펑은 5000만 달러의 벌금을 내고 CEO 자리에서 물러났다. 경영에도 관여하지 않겠다고 약속했다. 사실상 회사에서 완전히 손을 뗀 셈이다. 이듬해인 2024년 4월 자오창펑은 미국 자금세탁법 위반 혐의에 유죄를 인정하고 징역 4개월을 선고받았다.

바이낸스는 자금 세탁을 방조하면서 세계 1위의 암호화폐 기업으로 성장했지만, 그 결과 엄청난 벌금, CEO 교체, 끝없는 수사에 시달리게 됐다. 자금 세탁과 제재 위반이 얼마나 민감한 문제인지를 보여 주는 대표적인 사례다.

미국이 무서운 점은 제재 회피를 도운 것으로 '의심'되는 상황일 때는 조용히 보복한다는 것이다. 법적 처벌이 힘들면 비공식 제재를 한다. 중국이 사드 배치에 대한

보복으로 한국에 한한령(限韓令) 등 경제적, 문화적 보복을
했듯, 미국도 비슷한 방식으로 대응한다.

실제로 워싱턴의 로펌이나 로비 회사에서 중국
기업과 관련된 일을 한 외국인 직원들은 비자 연장이 이유
없이 취소되거나, 관련 기업의 미국 진출이 불허되는 사례가
다수 발생했다. 미·중 패권 경쟁이 본격화하면서 중국 업체를
대리했던 로펌의 외국인 변호사들은 이유 없이 비자 연장이
거부돼 본국으로 돌아가기도 했다. 이들은 관광 비자마저
아무 설명 없이 거부당했다고 한다. 사실상 미국이 이들을
'블랙리스트'에 올려 입국을 막는 것으로 볼 수 있다.

또 화웨이 등 중국 기업과 관련이 깊은 회사나 로펌
직원은 사실상 '별건 수사'로 기소되거나 구속되기도 한다.
다른 수사 과정에서 나온 증거로 기소했을 가능성이 크다.
미국이 중국과 러시아 등에 대해 얼마나 신경을 곤두세우고
있는지를 고스란히 보여 준다. 제재 회피 의혹을 받는 기업은
통관이 갑자기 중단되기도 한다. 이때는 하루에 수만 달러의
보관비가 발생하는데, 미국 세관이 붙잡고 놓아주지 않으면
막대한 추가 비용을 떠안게 된다.

아주 정치적인 카드

미국은 의혹이 있어도 지켜보다가 결정적인 순간에 압류와 제재 카드를 꺼내는 전략을 구사한다. 제재 위반 공소 시효를 5년에서 10년으로 연장한 이유도 시간을 미국의 편으로 두고 기업과 외국 정부를 압박하기 위해서다.

2024년 초 폭스바겐 그룹의 포르쉐 스포츠카와 SUV, 벤틀리, 아우디 차량 수천 대가 항구에서 미국 당국에 압류된 사건이 대표적이다. 미국 시민 단체와 정치권의 제재 위반 주장에도 못 들은 척 은근슬쩍 넘기려던 독일 자동차 회사들에 미국이 마침내 레드카드를 꺼내 들었을 가능성이 크다.

한 미국 관료는 필자에게 "제재 리스트는 언제나 우리 손에 있다. 이걸 언제 어떻게 쓰느냐는 정치적으로 결정하는 것"이라고 했다. 미국은 자국의 글로벌 전략에 따라 동맹국에도 제재라는 채찍을 들 수 있다.

문제가 된 것은 차량 제어 장치에 들어간 수십 달러짜리 작은 부품이었다. 이 부품은 중국의 쓰촨 징웨이다 기술 그룹(JWD)이 생산했는데, 이 회사는 2023년에 위구르 강제노동방지법(UFLPA) 위반으로 제재 리스트에 올랐다. 이 법은 2022년 6월부터 시행돼 중국 신장 위구르 자치구에서 생산된 모든 제품을 강제 노동에 의해 제조된 것으로 간주하고 미국 내 수입을 금지한다.

미국 항구로 향하던 차량에 해당 부품이 들어간 사실을 알게 된 폭스바겐은 미 당국에 이 내용을 고지했고, 차량은 항구에서 바로 억류됐다. 압류 차량의 총 가격은 3억 달러(4000억 원)에 달했다. 폭스바겐은 성명을 통해 "강제 노동을 포함한 인권 침해 혐의를 매우 심각하게 받아들이며, 문제 해결을 위해 지속해서 프로세스를 개선하고 있다"고 밝혔다. 또 하청 업체 중 한 곳에서 강제 노동 혐의가 있다는 정보를 입수하자마자 이를 시정하기 위해 노력하고 있다고 했다.

그러나 미국 당국은 폭스바겐이 이 문제를 사전에 인지했을 가능성을 제기하고 있다. 인권 단체들이 폭스바겐, BMW, 메르세데스-벤츠가 신장 위구르 지역에서 강제 노동으로 제작된 부품을 사용한다며 계속 문제 제기를 해왔기 때문이다. 폭스바겐이 미국의 제재가 임박했다는 사실을 알고 마지못해 자진 신고했을 가능성도 있다.

미 상원 재무위원회도 신장 위구르 지역에서 강제 노동으로 제조된 부품이 미국으로 수입되고 있는지 조사에 착수했다. 이 과정에서 BMW도 최소 8000대의 미니 차량에 JWD 부품이 포함돼 있어 항구에서 억류됐다. 재규어와 랜드로버도 JWD 부품이 문제가 될 수 있다는 점을 인지하고도 계속 부품을 사용해 논란이 일었다.

독일 자동차 회사들은 신장 위구르의 인권 문제가 계속 불거지자 JWD에 실사도 나간 것으로 알려졌다. 그러나 이들은 "강제 노동 혐의를 발견하지 못했다"고 결론짓고 부품 사용을 지속했다고 미국 인권 단체들은 주장했다. 새로운 공급망을 찾기가 쉽지 않고, 업체들도 "문제가 없을 것"이란 안이한 판단을 내리면서 사건을 키운 것이다. 결국 미국 의회가 나서고 수천억 원어치의 차량이 압류된 후에야 이들은 부랴부랴 공급망 전환에 나섰다.

스위스에 본사를 둔 항공 산업 정보 기술 제공 업체 시타(SITA)는 정치적 변화를 제대로 읽지 못하고 우물쭈물하다 벌금을 받은 대표적 사례다. 2020년 6월 미 재무부는 시타에 글로벌 테러 제재 규정 위반 혐의로 780만 달러의 벌금을 부과했다. 전체 위반 금액이 242만 달러였는데, 위반액의 3배가 넘는 벌금을 부과받은 것이다. 시타는 자발적 신고도 하지 않았다.

시타는 미 재무부가 글로벌 테러리스트 규정에 따라

제재 대상에 올린 마한 에어, 카스피안 에어, 시리안 아랍 에어 등에 소프트웨어를 제공하고 업데이트를 해주는 등 9200여 회의 제재 위반을 저질렀다. 제공된 소프트웨어 중 하나는 심지어 미국산이었다. 마한 에어와 카스피안 에어는 이란 혁명수비대와 연관이 있고, 시리안 아랍 에어라인은 시리아 정부의 지원을 받고 있어 제재 대상이 됐다.

미 재무부의 조사가 시작되기 전에도 시타는 이 항공사들이 제재 대상이라는 사실을 인지하고 있었던 것으로 알려졌다. 시타가 해당 항공사들이 제재 대상으로 지정된 후 일부 서비스를 종료했기 때문이다. 그러면서도 거래를 완전히 끊지 않았던 것이 화근이 됐다. 재무부는 시타의 대응이 '반응적(reactive)'이었다고 지적했다. 문제가 생기자 잠시 대응했다가 다시 예전으로 돌아갔다는 것이다. 결국 시타는 재무부의 조사가 시작되고 나서야 모든 거래를 끊고, 준법 책임자를 임명했다.

실소가 날 정도로 허술하게 제재를 위반하는 사례도 있다. 2024년 6월 미 재무부 해외자산통제국은 대북 제재 위반 혐의로 이탈리아 로마에 본사를 둔 애니메이션 회사 몬도TV와 53만 8000달러의 벌금에 합의했다고 밝혔다. 몬도TV는 북한의 조선아동영화촬영소와 거래한 혐의를 받았다.

몬도TV는 조선아동영화촬영소에 2019년부터 2021년까지 총 18건의 송금을 했고, 이 과정에서 대부분 미국 금융 기관을 중간 경유지로 사용해 대북 제재를 정면으로 위반했다. 북한은 한때 트랜스포머, 심슨, 뽀로로 등 유명 애니메이션을 하청받아 제작할 정도로 만화 산업이 발달했지만, 핵 실험과 탄도 미사일 발사 시험이 계속되면서 사실상 봉쇄에 가까운 경제 제재가 시행됐다. 이런 상황에서 유럽의 대형 애니메이션 회사가 2020년대까지 북한에 버젓이 달러를 송금한 것이다.

몬도TV의 경영진은 조선아동영화촬영소와의 거래 내역, 청구서, 이메일 등을 통해 북한과의 거래 사실을 알았지만, 제재 위반 사실을 자발적으로 신고하지도 않았다.

처벌 감경의 원칙

2022년 4월 미 재무부 해외자산통제국은 호주의 물류 기업 톨 홀딩스(Toll Holdings)에 613만 달러(76억 원)의 벌금을 부과한다고 발표했다. 당초 발표한 최대 벌금인 8억 2643만 달러(1조 900억 원)에서 1조 원 이상 감액된 것이다. BAT 같은 담배 회사에도 가혹한 벌금을 매겼던 재무부가 톨 홀딩스 사건은 왜 이렇게 관대하게 처리했을까.

톨 홀딩스는 2013년 1월부터 2019년 2월까지 북한, 이란, 시리아와 관련된 거래로 2958건의 제재 위반을 저질렀다. 결제된 물류 대금 중 4840만 달러가 미국의 금융 시스템을 통해 결제됐다.

톨 홀딩스의 실무 직원들은 제재 위반 가능성을 인지하고 있었다. 2015년에 시리아와 거래를 할 때는 은행이 제재 위반 가능성을 지적하기도 했다. 그러나 톨 홀딩스 본사 직원은 제재 대상 국가의 이름을 서류에 표기하지 말라고 지시하고 거래를 지속했다. 이런 거래의 14퍼센트가 테러 또는 대량 살상 무기와 관련한 제재 대상과 얽혀 있는 것으로 파악됐다.

톨 홀딩스의 경영진도 2019년에 이 문제를 알아차렸다. 여기서 BAT와의 차별점이 생긴다. 톨 홀딩스는 위반 사항을 해외자산통제국에 자진 신고하고 재무부 조사에 전폭적으로 협조했다. 이후 톨 홀딩스는 북한, 이란, 시리아와의 거래를 차단하기 위해 시스템을 개선하고, 내부 통제를 대폭 강화했다.

먼저 '리스크 매핑' 시스템을 도입해 모든 잠재 리스크를 평가하고 시각화하는 시스템을 구축했다. 500명 이상의 직원을 대상으로 제재 준수 교육을 시행했다. 또한 화물 관리 시스템에 '하드 콘트롤'을 도입해 제대 대상 국가와 항구의 내부 코드를 삭제해 운송 자체가 이뤄지지 않게 했다. 하청 업체들에도 같은 기준을 요구했고, 현장 실사도 강화하기로 약속했다. 이런 자발적인 개선 노력 덕분에 톨 홀딩스는 대량 살상 무기에 사용될 수 있는 물품을 배송하고도 북한에 담배를 팔았던 BAT와 달리 1조 원 넘게 벌금을 줄일 수 있었다.

애플의 사례도 극적이다. 애플은 2015년 2월부터 2017년 5월까지 해외자산통제국의 제재 대상이었던 슬로베니아 소프트웨어 회사 SIS와 거래한 혐의로 2019년 11월에 46만 6912달러의 벌금을 부과받았다. 당초 해외자산통제국은 애플의 최대 벌금액이 7433만 달러에 달할 수 있다고 밝혔지만, 실제 벌금은 최대 금액의 1퍼센트도 되지 않았다.

애플이 벌금을 받은 이유는 SIS가 만든 앱이 제재 이후에도 앱스토어에 계속 노출됐다는 것이다. SIS는 이를 통해 115만 달러의 수익을 올렸다. SIS와 최대 주주는 마약

관련 범죄로 제재 대상에 지정된 상태였다. 애플은 SIS의
회사명(SIS DOO)을 대문자로 넣어야 했는데, 소문자로
기록하는 바람에 제재 대상인지를 2년간이나 파악하지
못했다. 애플은 실소유자의 이름도 파악하지 못했는데,
이름이 다른 항목에 들어가 있어서 확인하지 못한 것으로
알려졌다.

　　　이런 상황에서도 애플이 최대 벌금액의 99퍼센트를
경감받을 수 있었던 까닭은 자진 신고와 적극적인 협조
덕분이었다. 애플은 제재 위반 사실을 먼저 신고하고,
해외자산통제국의 정보 요청에 신속히 대응해 조사를
적극적으로 도왔다.

　　　이후 애플은 제재 스크리닝 도구를 업데이트해
대소문자 변형과 철자 오류를 포착할 수 있게 했고, 매년 이를
검증하도록 시스템을 개선했다. 제재 준수 관리자를 명확히
지정하고, 제재 스크리닝 대상을 앱 개발자뿐 아니라 앱으로
돈을 버는 수취인과 관련 은행 등으로 확대했다. 또 모든
직원에게 제재 및 수출 규정 관련 의무 교육을 실시했다.

　　　애플이 겪은 사고는 글로벌 기업이라면 어디나
겪을 수 있는 문제다. 그러나 애플은 문제가 발견되자 즉시
신고하고, 시스템을 자발적으로 업데이트해 재발 방지 조치에

나섰고, 전 직원 교육까지 시켰다. 그 결과 99퍼센트 넘게 벌금을 경감받을 수 있었다.

최근에는 미 법무부가 제재 위반 가능성을 자진 신고한 바이오 기업 밀리포어시그마(MilliporeSigma)를 사상 처음으로 기소하지 않기로 한 결정도 나왔다. 수출 통제 품목인 생화학 제품을 중국으로 수출한 심각한 사건이었지만, 봐주기로 한 것이다. 지금껏 미국 정부는 제재 위반 벌금을 깎아 준 적은 있어도 기소를 하지 않은 적은 없었다.

밀리포어시그마는 의심스러운 주문을 감지한 후 외부 법률 자문을 고용해 조사를 시작했고, 직원의 부정행위를 발견하자마자 법무부에 자진 신고했다. 이는 회사가 기소를 피하는 데 결정적인 역할을 했다. 미 법무부는 회사의 신속한 신고와 '예외적인 협조' 덕분에 법 집행 기관이 주요 범죄자를 식별하고 계획을 차단할 수 있었다고 밝혔다.

이 같은 사례를 종합하면, 미국의 제재 감경 원칙이 명확히 드러난다. 자발적 신고와 지속적인 직원 교육, 시스템 개선이 동시에 이뤄지면 미국이 제재를 감경해 줄 수 있다.

물론 기업이 자발적 신고를 하려면 상당한 사전 조사가 선행돼야 한다. 사실상 수사에 준하는 내부 조사를 통해 제재 위반 당사자를 내부에서부터 식별해야 하기 때문이다. 그렇지 않으면 오히려 혼선을 빚을 수 있다. 밀리포어시그마가 외부 법률 고문까지 고용해 내부적으로 철저히 조사한 이유다.

　　　자발적 신고는 기업 유형과 관계없이 증가하고 있다. 특히 가상화폐, 핀테크, 해외 기업의 자발적 신고가 크게 늘었다. 러시아-우크라이나 전쟁 이후 수천 건의 제재가 한꺼번에 내려지고, 각종 제재 법률이 복잡해지면서 해외 기업의 자발적 신고가 급증한 것이다.

4장. 제재의 창끝, 중국

미 상무부는 매년 '이러면 진짜 큰일 나요!(Don't let this happen to you!)'라는 제재 사례집을 발간한다. 이 책은 '국가 안보 위협'에 대한 국가정보국 등 정보 공동체의 평가에 따라 작성된다. 책의 맨 앞에는 중국 관련 제재 위반 사례가 나와 있다. 러시아-우크라이나 전쟁이 한창이지만 미국의 제1 위협은 중국이라는 점을 분명히 한 것이다.

사례집은 중국, 러시아, 이란에 대해서 주로 다루고, 북한은 몇몇 사례로만 그치고 있다. 사실상 북한은 미국에 레토릭 수준의 위협이지 실질적 위협은 아니라는 뜻이다.

제재의 최전선에는 반도체가 있다. 반도체를 둘러싼 주도권 경쟁은 너무 당연해 이제 뉴스도 아니다. 문제는 이 같은 패권 경쟁이 얼마나 지속될 것인가 하는 점이다.

네덜란드 반도체 장비 업체 ASML의 전 CEO 피터 베닝크는 2024년 7월 네덜란드 방송 BNR과의 인터뷰에서 "미·중 반도체 갈등은 사실이 아닌 이념에 기반하고 있다. 이 갈등이 몇십 년간 계속될 수 있다"고 전망했다. ASML에서 10년간 CEO로 재직하며 회사를 유럽 최대 기술 기업으로 성장시킨 베닝크는 미국의 압박에도 중국과의 끈을 놓지

않으려 했던 인물로 알려져 있다. ASML에 중국은 대만에
이어 두 번째로 큰 시장이지만, 미국은 2018년 이후 보안
우려를 이유로 ASML의 중국 수출을 점점 더 제한해 왔다.

　　　ASML의 장비는 첨단 반도체 생산에 필수적이다.
ASML이 독점적으로 제공하는 극자외선 노광 장비(EUV)
기술은 빛의 파장이 짧아 반도체 칩에 더 작고 정교한 회로를
새길 수 있게 해준다. 이를 통해 높은 성능과 효율성을 갖춘
반도체 칩을 제작할 수 있다. 현재 ASML은 이 기술을 가진
유일한 회사다. ASML의 EUV 장비 없이는 최신 세대의
반도체 칩을 생산할 수 없다.

　　　베닝크는 이날 인터뷰에서 이념이 비즈니스에
개입하는 문제를 제기했다. 또한 중국 고객들과의 오랜
관계를 거론하며 "ASML이 중국에서 30년간 사업을 이어 온
만큼 중국 고객에게 서비스를 계속 제공할 의무가 있다"고
했다. 베닝크는 미국의 제재 수위를 낮추기 위해 로비를
했지만, 통하지 않았다고도 했다. 베닝크는 때때로 자신이
친중국적이라는 오해를 받기도 했지만, 이는 고객과 직원,
공급 업체, 주주들에게 충실한 것이라고 설명했다.

　　　미국의 압박이 거세지면서 네덜란드 정부가 ASML의
중국 내 구형 장비 유지 보수 서비스까지 중단하는 제재를

검토 중이라는 보도가 나왔다. 현재 ASML은 2024년 말까지 중국 주요 반도체 제조사에 구형 노광 장비 유지 보수를 제공할 수 있는 허가를 받은 상태지만, 네덜란드 정부가 허가를 연장하지 않으면 이 서비스는 중단될 수밖에 없다.

딕 스호프 네덜란드 총리는 2024년 8월 ASML의 경제적 이익을 고려하면서도 미국의 대중국 제재에 동참할 가능성을 논의하고 있다고 밝혔다. 스호프 총리는 "우리는 협상 중이고 좋은 협상을 하고 있다. 경제적 이익과 안보 위험을 비교 검토해야 한다"고 했다. 네덜란드 총리가 미·중 관계 속에서 줄타기를 하는 모습이다.

중국은 미국의 반도체 기술 제재가 강화되자 ASML의 구형 장비를 2023년과 2024년에 대규모로 사들이며 사재기에 나섰다. 하지만 유지 보수가 금지되면 구형 장비마저 제 기능을 발휘하지 못할 가능성이 커진다. 중국이 반도체 자립을 위해 막대한 투자를 하는 상황에서 이 조치가 현실화하면 중국은 장비부터 새로 개발해야 하는 난관을 맞게 된다.

미국의 중국 압박은 ASML에 양날의 칼이기도 하다. 위기감을 느낀 중국이 구형 장비라도 ASML의 제품을 미리 잔뜩 사들이면서 실적이 크게 좋아졌기 때문이다. 2024년 상반기 ASML의 실적 절반이 중국에서 나왔다. 그러나 이 같은 중국 특수는 부메랑이 되어 돌아왔다. 모건스탠리 등 투자 은행들은 2024년 9월 들어 ASML의 목표 주가를 잇달아 낮췄다. 중국 반도체 기업들이 미리 사둔 장비 때문에 수요가 약해졌고, 제재 우려도 여전하기 때문이다.

미국이 중국에 대한 고성능 반도체 장비 수출 규제를 강화하면서 삼성전자와 SK하이닉스가 중국 기업에 고대역폭 메모리(HBM)를 공급하지 못할 가능성도 제기되고 있다. HBM은 여러 개의 D램을 수직으로 쌓아 올려 만든 고성능 메모리로 AI 가속기를 가동하는 데 필수적이다. 삼성전자와 SK하이닉스는 전 세계 HBM 시장의 90퍼센트를 차지하고 있어 규제가 시행되면 한국 기업들이 가장 큰 타격을 입을 수 있다. 2024년 7월 〈블룸버그〉는 이 규제가 아직 최종 결정되진 않았지만, HBM3와 HBM3E 같은 첨단 메모리 칩과 이를 만드는 데 필요한 장비가 규제 대상에 포함될 수 있다고 전했다.

〈블룸버그〉는 미국 기술을 사용하는 외국산 제품에 대해 수출을 제한할 수 있는 해외직접제품규칙(Foreign Direct Product Rules·FDPR)을 적용할 가능성도 있다고 봤다. 삼성전자와 SK하이닉스가 모두 미국 칩 설계 소프트웨어와 장비에 의존하고 있기 때문이다. 이 규칙은 해외에서 제조된 제품이 미국 기술이나 소프트웨어를 사용해 만들어졌을 경우 미국의 수출관리규정에 따라 통제를 받게 하는 조치다.

해외직접제품규칙은 미국 기술로 만들어진 공장이나 기계에서 생산된 제품에 주로 적용된다. 일반적으로 미국산 기술이나 소프트웨어를 사용한 가치가 완제품 가치의 25퍼센트 미만일 때는 수출관리규정에 적용을 받지 않는다. 그러나 이란이나 북한 같은 적성국에는 이 비율이 10퍼센트까지 내려가기도 한다.

반도체 수입 '풍선 효과'도 나오고 있다. 2024년 9월 미국의 자유아시아방송은 홍콩의 대만과 한국 반도체 수입이 비정상적으로 급증했다고 보도했다. 미국이 중국 본토에 반도체 수출을 제한하자 중국의 관문 역할을 하는 홍콩을 통한 반도체 수입이 크게 늘었다는 것이다.

홍콩 통계청에 따르면 2024년 7월 대외 무역에서 전체 수출과 수입액이 전년 대비 각각 13.1퍼센트, 9.9퍼센트 증가했다. 특히 대만과 한국에서 수입한 금액은 각각 20.6퍼센트, 34.4퍼센트로 크게 늘었다. 대만 정부에 따르면 홍콩으로 수출된 제품의 75퍼센트가 반도체 장비였다.

전문가들은 홍콩 자체의 반도체 장비 수요가 크지

않다는 점에서 이 반도체가 중국이나 러시아로 재수출되는 경우가 많을 것이라고 분석한다. 홍콩을 통한 중국의 반도체 우회 수입은 제재의 빈틈으로 지속해서 지적됐는데, 통계 수치상 이미 현실화한 것으로 보인다.

"끝날 때까지 끝이 아니다"

이대로 당하고만 있을 중국이 아니다. 중국은 미국과의 패권 경쟁에 핵심적인 기술을 따라잡기 위해 어떤 출혈도 감수하겠다는 의지를 분명히 하고 있다. 대형 반도체 기업과 AI 기업의 부도가 이어지는 상황에서도 중국은 오히려 더 많은 투자를 통해 상황을 반전하려 안간힘을 쓰고 있다.

2024년 8월 중국 IT 매체 〈TMT포스트〉에는 "AI용 고성능 GPU 유니콘 기업인 샹디셴이 하룻밤 사이에 해산하고 수백 명의 직원이 정리 해고를 당했다"는 기사가 나왔다. 보도에 따르면 샹디셴은 2024년 8월 30일 충칭 본사에서 전 직원이 참여한 회의를 열어 회사 해산과 고용 계약 종료를 통보했다. 이 소식은 곧바로 중국 관영 매체를 포함한 주류 언론에서도 비중 있게 다뤄졌다.

샹디셴의 해산 소식은 큰 충격을 줬다. '중국판 엔비디아'로 불리며 기업 가치가 150억 위안(21억 달러·2조 9000억 원)에 달한다는 평가를 받았던 회사가 하루아침에 수백 명의 직원을 해고하고 사실상 해산에 가까운 조치를 한 것이다. 샹디셴의 본사가 있는 충칭시는 불과 두 달 전에 샹디셴을 '올해의 유니콘 기업'으로 선정했는데, 이제는 본사 건물에 불이 꺼지고 문이 잠겨 있는 상태다.

샹디셴은 설립 이후 외부 투자를 받아 베이징, 상하이, 청두, 쑤저우 등 주요 도시에 연구 개발 센터를 열며 빠르게 성장해 왔다. 2022년에는 자체 개발한 GPU 톈쥔 1호를 출시했고, 2023년에는 성능을 향상한 톈쥔 2호를 출시하면서 중국 내 독자적인 AI 기술의 상징으로 여겨졌다. 2024년 세계인공지능대회(WAIC)에서도 GPU 기반 제품들을 전시하며 관심을 모았다.

하지만 샹디셴의 문제는 성능이었다. 톈쥔 GPU 시리즈는 엔비디아는 말할 것도 없고 화웨이의 AI 칩에도 미치지 못했다는 평가를 받았다. 결국 기대만큼의 성능을 보여 주지 못했고 투자자의 기대에도 부응하지 못했다. 결국 기술적 한계와 자금난이 겹치며 샹디셴은 예상보다 빠르게 시장에서 퇴장하게 됐다.

이 밖에도 역시 중국판 엔비디아가 되겠다던 베이징 쯰장과기도 2024년 6월 금융 사기 혐의로 선전 증시에서 퇴출당했다. 이 회사는 데이터 처리 장치(DPU)를 개발했는데, 판매 실적을 대거 부풀렸다가 적발됐다. 장부상 판매했다고 돼 있던 제품들은 대부분 창고에 쌓여 있었다. 반도체 웨이퍼 공장 건립을 추진하던 상하이 우성반도체도 자금 조달에 실패해 2024년 6월 최종 파산 처리됐다.

그러나 중국은 반도체 굴기에 대해 '끝날 때까지 끝난 게 아니다'라는 입장을 명확히 하고 있다. 대규모 반도체 투자를 하면서 한 발 한 발 기술 격차를 좁혀 가겠다는 것이다.

홍콩의 영자 신문 《사우스차이나모닝포스트》는 2024년 9월 중국의 유일한 노광 장비 개발사인 국영 상하이마이크로일렉트로닉스(SMEE)가 네덜란드 ASML의 독점을 깰 특허를 출원했다고 보도했다. SMEE가 2023년 3월 '극자외선(EUV) 방사선 발생기 및 노광 장비' 특허를 출원했고, 중국 국가지식재산권국의 심사를 받고 있다. 현재 EUV 장비 기술은 ASML만이 갖고 있다. SMEE는 2022년 12월 미국 정부의 제재 리스트에 올라 미국 기술에 접근하지 못하는 상태지만, 기술적 진보를 이뤘다는 것이다.

중국 반도체 굴기를 꺾기 위한 미국의 수출 규제가

역풍을 부를 수 있다는 우려도 제기된다. 첨단 반도체는 아니더라도 범용 기술을 사용하는 반도체 시장에서 중국이 우위를 점할 가능성이 있다는 지적이다. 〈야후 파이낸스〉는 2024년 8월 미국의 시장 조사 회사 로디움 그룹을 인용해 중국이 오는 2027년까지 전 세계 범용 반도체 생산의 약 40퍼센트를 장악할 것으로 전망했다. 미국의 싱크탱크 실버라도 폴리시도 중국이 향후 3년간 다른 반도체 생산 국가들의 설비 확장 합계보다 3배 많은 생산 설비 확충에 나설 것으로 예상했다.

중국은 태양광, LCD, 철강 등 여러 분야에서 채택해 재미를 봤던 '승리 공식'을 반도체 시장에도 그대로 적용하려 한다. 정부가 기업에 대규모 보조금을 지급해 생산 능력을 높이고, 가격 경쟁을 통해 시장을 장악하는 방식이다. 국제반도체장비재료협회(SEMI)에 따르면 2024년부터 2027년까지 중국의 반도체 웨이퍼 월 생산량은 440만 개 증가해, 다른 국가들의 430만 개 증가분을 넘어설 것으로 보인다.

이러한 물량 공세로 반도체 가격 하락 압력이 높아지고 있다. 실버라도 폴리시에 따르면 중국 반도체 기업들은 2022년부터 2023년까지 외국 경쟁사들보다

20~30퍼센트 낮은 가격을 책정해 밀어내기 수출을 해왔다. 모두의 시선이 최첨단 반도체에 쏠려 있지만, 범용 반도체는 여전히 중요하다. 스마트폰 한 대에는 반도체 160~170개가 들어가는데, 이 중 최첨단 반도체는 3개 안팎이다.

중국의 물량 공세는 한국 반도체 산업의 글로벌 경쟁력에 위협이 될 수밖에 없다. 국제반도체장비재료협회에 따르면 2024년 상반기에만 중국은 250억 달러를 반도체 제조 장비에 투자했다. 한국, 대만, 미국의 투자금을 합한 것보다 많다. 2023년 같은 기간과 대비해도 2배 넘게 증가했다.

실제로 화웨이를 중심으로 한 중국의 반도체 굴기가 일부 성과를 내기도 했다. 화웨이의 반도체 설계 자회사 하이실리콘은 7㎚(나노미터·10억 분의 1미터) 애플리케이션 프로세서(AP) '기린 9000s'를 설계해 화웨이의 스마트폰 '메이트 60 프로'에 탑재했다. 미국의 제재에도 중국 최대 파운드리 기업 SMIC와 협력해 독자적인 생태계를 구축하며 기술 격차를 좁힌 것이다.

미국 싱크탱크인 정보혁신재단(ITIF)은 파운드리 분야에서 중국 SMIC와 대만 TSMC의 기술 격차가 5년쯤 벌어진 것으로 추정한다. 반면 중국의 반도체 설계 기술은 글로벌 빅테크 기업에 2년 정도 뒤처져 있다고 분석한다. 설계 기술력은 상당 부분 쫓아온 것이다.

드론부터 바이오까지

미·중 패권 다툼의 전장은 반도체와 AI에 그치지 않는다. 최근 들어 미·중 경쟁은 전방위로 퍼지고 있다. 2024년 9월 미국 하원은 세계 최대 드론 제조업체인 중국 DJI의 신규 제품을 미국 내에서 사용 금지하는 법안을 통과시켰다. 미 하원은 9월 둘째 주에만 '중국 때리기' 성격의 법안 28개를 논의했다. 대선을 두 달 앞둔 시점에서 민주당과 공화당이 한목소리로 중국을 압박한 것이다. 미국 내에서 중국 압박이 국가 전략일 뿐만 아니라 일반 국민의 지지도 광범위하게 받고 있다는 의미다. 미·중 패권 다툼이 반도체 같은 경제 분야를 넘어 사회 전반으로 확산할 기반이 마련된 것이다.

　　드론 법안에는 DJI가 앞으로 출시할 드론이 미국의 통신 인프라에서 작동하는 것을 금지하는 내용이 담겼다. 중국산 드론이 갑자기 미국을 공격하는 수단으로 변할 수 있다는 이유다. 이 법안은 드론 시장을 뿌리째 흔들 수 있다. 현재 미국에서 판매되는 드론의 절반 이상이 DJI 제품이기 때문이다. 미 하원 에너지·통상위원회의 프랭크 펄론 의원은 "이 법안을 통해 의회는 DJI가 앞으로 내놓을 드론이 미국에 수입되거나 판매되지 않을 것임을 분명히 해야 한다"고 했다.

미 하원이 9월 둘째 주에 논의한 또 다른 법안은 CATL을 포함한 6개 중국 회사로부터 국토안보부가 배터리를 구매하는 것을 금지하는 내용이다. 또한 중국이 대만을 침공하거나 봉쇄하는 것을 막기 위해 중국 지도층의 자산을 공개하고, 그들과 가족을 미국 금융 시스템에서 차단하는 법안도 검토 중이다.

이 밖에도 미 행정부가 중국과 과학 기술 협정을 체결하거나 갱신하기 전에 의회에 보고하도록 하는 법안, 외국 인재 채용과 외국 통신 인프라 사용에 대한 통제를 강화하는 법안도 대기하고 있다.

미 의회는 2024년 4월에는 중국의 바이트댄스가 2025년 1월 19일까지 틱톡의 미국 내 자산을 매각하도록 요구하는 '틱톡 금지법'을 통과시켰다. 법안이 통과되자 틱톡과 바이트댄스는 이 법이 표현의 자유를 침해할 수 있다며 소송을 제기했다.

그러나 9월에 열린 미국 연방 법원의 재판은 미국 내 분위기를 고스란히 보여 준다. 판사들은 "틱톡의 소스 코드 검증이 가능한가?" 같은 질문을 던지며 틱톡 측을 압박했다.

당시 재판에서 법무부는 틱톡이 방대한 미국인 개인 정보에 접근할 수 있고, 정보를 은밀히 조작할 수도 있다는 점을 강조하며 국가 안보에 위협이 될 수 있다고 주장했다. 이에 틱톡 측 변호사는 "틱톡이 미국의 국가 안보에 위협이 된다는 점을 미국 정부가 입증하지 못했다"면서 이 금지법이 표현의 자유를 규정한 수정 헌법 1조에 위배된다고 주장했다. 그러나 법무부는 "틱톡은 20억 개의 코드 라인으로 이뤄져 있다. 윈도우 운영 체제의 40배 크기다. 게다가 매일 1000번씩 수정되는데, 이 프로그램에서 뭐가 바뀌었는지 어떻게 감지할 수 있겠나?"라고 반박했다.

판사들은 틱톡의 소스 코드 검토에 3년이 걸릴 수 있다는 추정을 언급하며 "그렇다면 검증이 어떻게 가능하겠는가?"라며 법무부 측의 논리를 편드는 질문을 했다. 또 "외국 소유의 방송 면허를 금지하는 미국 법이 있는데, 틱톡 금지는 왜 안 되는가?"를 틱톡 측 변호사에게 묻기도 했다. 판사들의 발언만 보면 재판부는 법무부의 국가 안보 우려에 상당한 공감을 표하는 듯했다.

미·중 경쟁의 다음 전장은 바이오가 될 전망이다. 미 하원은 2024년 9월 중국 바이오 기업과의 거래를 제한하는

'바이오보안법(Biosecure Act)'을 통과시켰다. 이 법안은 306대 81로 통과됐는데, 절차상 필요한 3분의 2 이상의 찬성을 크게 뛰어넘었다. 이 법안은 중국의 주요 바이오 기업인 우시바이오로직스, 우시앱텍, BGI 등과의 거래를 제한하는 내용인데, 미 의회는 이들 기업이 중국 인민해방군과 연결돼 있어 언제든 바이오·유전자 정보를 넘길 수 있다고 의심하고 있다.

바이오보안법의 대상이 되는 장비와 서비스는 광범위하다. 이 법안에 규정된 '바이오 기술 장비 또는 서비스'는 생물학적 물질과 관련된 모든 연구, 개발, 생산, 분석 장비와 서비스를 포괄한다. '우려되는 바이오 기술 회사'는 중국, 러시아, 이란, 북한 등 적대국의 통제를 받거나, 생물학적 장비 또는 서비스 제조 및 배포에 관여하고 있는 회사를 말한다. 한마디로 중국 정부의 입김이 미칠 수 있는 회사라면 전부 제재 대상이 될 수 있다.

법안 추진의 배경에는 중국 바이오산업의 급속한 성장에 대한 견제도 깔려 있다. 최근 중국은 항암제 분야에서 두각을 나타내며 세계적으로 기술을 수출하고 있다. 거대한 인구를 바탕으로 임상 시험에서도 미국을 추월하고 있다. 이런 성장은 미국에 위협이 될 수밖에 없는데, 중국이 미국의

데이터까지 활용해 기술적 우위를 점할 수 있다는 우려가
확산하고 있다.

미국은 중국을 겨냥한 양자 컴퓨팅 기술 통제에도
들어갔다. 양자 컴퓨터는 기존 컴퓨터로는 불가능한 속도로
데이터를 처리하고 복잡한 암호를 해독할 수 있어 미래
산업의 '게임 체인저'로 여겨진다. 2024년 9월 미 상무부
산업안보국은 양자 컴퓨팅, 반도체 제조, 기타 첨단 기술의
수출 통제를 시행한다는 내용의 임시 최종 규칙(IFR)을
발표했다.

이번 규제에는 양자 컴퓨터와 관련 부품,
최첨단 반도체 제조 장비, 초미세 반도체 생산에 쓰이는
게이트올어라운드(GAA) 기술, 금속 또는 금속 합금 부품
생산 장비 등이 포함됐다. 산업안보국은 "이러한 품목이 국가
안보와 외교 정책에 반하는 목적으로 사용되지 않도록 이동을
규제할 필요성이 커지고 있다"고 했다.

이번 조치는 당연히 중국을 겨냥한 것이다. 미국은
AI에 사용되는 반도체 기술에 이어 양자 컴퓨터 기술에
중국이 접근하는 것을 차단하기 위해 추가 규제 방안을
검토해 왔다.

'동방의 진주'라 불렸던 홍콩의 추락은 끝을 알 수 없을 정도가 됐다. 미국은 이제 "홍콩에 사업체가 있다는 것만으로도 제재를 받을 수 있다"고 경고하고 있다. 또 일반 상품이라도 허가 없이 홍콩에 수출하면 제재를 받을 수 있게 됐다.

미국은 1992년에 제정된 '홍콩정책법'을 통해 홍콩에 중국 본토와는 다른 특별 지위를 부여했다. 미국은 홍콩을 중국과 다른 독립적인 지역으로 취급했다. 영국 식민지로 출발해 영국식 법과 제도를 갖춘 사실상 민주주의 국가의 일원으로 생각했다. 미국은 홍콩에 중국 본토보다 낮은 관세율을 적용했고, 수출 통제도 중국 본토보다 덜 엄격하게 적용했다. 홍콩 주민의 미국 비자 발급이나 이민도 중국 본토보다 훨씬 쉽게 허용했다. 이런 특별 지위는 홍콩이 국제 금융 중심지로서 역할을 수행하는 데 크게 기여했다.

그러나 2020년 7월 트럼프 대통령은 홍콩에 부여했던 특별 지위를 박탈하는 행정 명령을 내렸다. 이제 홍콩은 중국 본토와 다른 관세 및 무역 혜택을 받을 수 없게 됐다. 수출 통제 역시 중국 본토와 같은 수준으로 적용됐다. 비자 발급과 이민 우대 조치도 철회됐고, 홍콩과의 범죄인

인도 협정도 중단됐다. 심지어 미 국무부가 진행하던
풀브라이트 장학생 프로그램도 중단됐다.

홍콩이 뉴욕에 설치한 경제무역대표부를 폐쇄하는
법률도 2024년 들어 논의되고 있다. 미국이 홍콩에 주고
있던 사실상 마지막 특권을 폐지하려는 것이다. 이제 더 이상
중국과 홍콩을 분리해서 보지 않겠다는 명확한 메시지로
읽힌다.

여기서 한 발 더 나아가 중국 본토가 아니라 홍콩에서
사업을 하고 있다는 사실만으로도 제재 대상이 될 수 있다는
미국 정부의 경고도 나왔다. 미국 국무부, 농무부, 상무부,
국토안보부, 재무부는 2024년 9월 홍콩에서 사업을 하는 미국
기업에 제재 위반 가능성과 중국 내 비즈니스의 위험성을
상기하는 경고문을 업데이트했다. 2021년 7월 경고문을
처음 발행한 뒤 3년 만에 업데이트한 것이다. 미·중 관계가
경색되면서 홍콩에서의 사업마저 점점 더 힘들어지고 있다는
뜻으로 해석된다.

미국 정부는 이번 경고문에서 중국이 제정한 홍콩
기본법 제23조(홍콩 보안법)가 미국 기업에 추가적인 위험을
초래할 수 있다고 했다. 또 이미 경고한 대로 인권 보호가
힘들어지고, 일상적인 비즈니스 활동도 기소에 사용될 수

있다고 했다.

홍콩 보안법은 국가 분열과 전복, 테러, 이를
선동하는 행위 등 39개 안보 범죄를 강하게 처벌하는 것을
주요 내용으로 한다. 특히 '외부 세력'과 결탁해 해당 범죄를
저지르면 종신형까지 가능하다. 홍콩 보안법을 보완하기 위해
2024년 3월에 제정된 국가안전수호조례는 기존 안보법에
명시된 조항을 확대했다. 홍콩 외부에서 활동하는 기업이나
개인이 국가 안보에 위협이 된다고 판단되면 법적 조치를
취할 수 있도록 했다.

미국 당국은 홍콩 보안법의 모호한 정의와 광범위한
적용으로 인해 일상적인 활동에도 위험이 따를 수 있다고
경고했다. 로비 활동, 정부 데이터를 이용한 시장 분석, 언론
분석, 논평 출판, 기자와 싱크탱크 또는 비정부 기구와의
교류가 국가 안보 위협으로 간주될 수 있다는 것이다.
국무부에 따르면 2020년에 제정된 최초의 보안법에 따라
미국 시민을 포함한 300명 이상이 홍콩에서 체포됐다.
여기까지는 홍콩 보안법에 대한 설명으로 미국이 자국
기업이나 국민을 향해 충분히 할 수 있는 경고다.

문제는 미국 기업의 홍콩에서의 거래에 대한 미국의
부정적 평가다. 미 국무부는 경고문에서 러시아가 우크라이나

침공으로 부과된 제재와 수출 통제를 회피하기 위한 중간
경유지로 홍콩을 점점 더 많이 사용하고 있다고 지적했다.
또 홍콩이 펜타닐 생산을 위한 화학 및 제약 회사들의 허브
역할을 하고 있다고 했다.

더 나아가 홍콩이 중국 반도체 제조와 관련된 수출
통제를 회피하는 주요 경로라고 밝혔다. 따라서 미국 기업은
제재 대상이 될 수 있는 개인이나 단체와 거래하지 않도록
특별한 주의를 기울여야 한다고 했다. 홍콩에서 영업하는
미국 기업은 제재 위험에 노출돼 있다는 경고다.

미국 당국의 경고에 홍콩 행정장관 에릭 찬은
"보안법이 제정된 지 오래됐지만, 사업가를 이유 없이
체포한 적이 없다"며 반발했다. 그는 미국의 경고가 "홍콩에
투자하려는 사업가들을 겁주기 위한 협박"이라며 성공하지
못할 것이라고 했다.

범용 제품의 수출도 홍콩으로 갈 때는 군사용으로
전용될 가능성이 있는지 잘 살펴야 한다. 2024년 8월 미국
상무부 산업안보국은 TE 커넥티비티(TE)와 TE 커넥티비티
HK 리미티드에 대해 미국 수출 규제를 위반한 혐의로 580만
달러의 민사 벌금을 부과했다. 이들 회사는 중국의 극초음속
무기, 무인 항공기(UAV), 군사 전자 장비 프로그램과 연관된

업체들에 기술 제품을 수출한 것으로 밝혀졌다.

그런데 이 업체들이 수출한 제품은 범용 제품, 즉 낮은 기술의 제품이었다. 산업안보국 조사 결과, TE는 2015년 12월부터 2019년 10월까지 산업안보국의 블랙리스트에 오른 중국 단체들에 EAR99(민감하지 않은 상품) 품목을 79차례에 걸쳐 총 174만 달러 상당을 수출했다. EAR99 품목은 일반적으로 수출 허가가 필요하지 않지만 최종 사용자에 문제가 있을 때는 허가를 받아야 한다. 그러나 TE는 미 상무부 등으로부터 승인을 받지 않고 수출했다.

TE가 수출한 와이어, 회로 기판 커넥터, 압력 및 온도 스캐너 등은 극초음속 미사일 연구를 전문으로 하는 중국 공기역학연구개발센터, 군사 전자 생산을 하는 두 개의 중국 전자 기술 연구소, 그리고 산업안보국의 수출 제한 리스트에 오른 서북공업대학 등 미사일, 군사 전자, 방위 연구 기관들에 수출됐다.

중국 회사들은 수출 제한 리스트에 등재된 최종 사용자와 사용 목적을 감추기 위해 최종 사용자 이름을 바꾸거나, 오해를 불러일으킬 수 있는 사용 설명을 하는 등 속임수를 썼다. 어떻게 보면 TE도 중국 측에 속은 것이다. TE는 이 사실을 알게 되자 자발적으로 위반 사실을 신고하고 조사에 협조해 벌금을 크게 줄일 수 있었다.

　　　이 사건은 범용 제품이라도 최종 사용자에 따라 엄격한 처벌이 내려질 수 있음을 보여 준다. 기업들은 상대방이 속일 수 있다는 점을 염두에 두고 수출 대상과 사용 목적을 더욱 철저히 검토해야 한다.

5장. 유럽의 참전

미·중 충돌과 트럼프 대통령 시기부터 본격화한 제재
전쟁에서, 유럽은 처음에는 한 발 떨어져 지켜보는 쪽이었다.
중국은 유럽의 최대 수출 시장이었고, 세계 2위 경제 대국인
중국과 날을 세워서 좋을 이유가 없었다. 그러나 우크라이나
전쟁이 이 구도를 180도 바꿔 놓았다. 이제 유럽은 미국보다
적극적으로 제재 위반을 단속하고 있고, 러시아에 물품
대부분을 공급하는 중국과도 확실한 거리를 두기 시작했다.
유럽에서도 미국만큼 강경한 중국 제재 분위기가 형성되고
있다.

　　　이 변화는 우크라이나 전쟁이 그동안 경제적 이익
뒤에 숨겨져 있던 자유와 민주주의라는 가치의 차이를 분명히
드러냈기 때문이다. 서구의 자유 민주주의와 러시아, 중국의
권위주의 체제 사이에 갈등이 격화하면서 경제를 넘어선
가치의 싸움으로 확장된 것이다.

　　　유럽의 태도 변화는 단순히 미국의 동맹국이기
때문만이 아니라, 독립적인 가치 체계를 지키기 위한
행보라고 할 수 있다. 특히 중국의 군사적, 기술적 확장이
우크라이나 전쟁과 맞물리면서 유럽에 또 다른 경계심을

불러일으켰다. 중국의 도전이 유럽 내 사회 질서에도 영향을 미칠 수 있다는 인식이 강해졌다.

유럽의 제재 위반 수사는 대륙 차원에서 대규모로 이뤄지고 있다. 유럽 각국의 경찰은 거의 매일 제재 위반자를 추적해 체포하고 있다. 유럽 내 제재 집행 상황을 집계하는 블로그 '유러피언 생크션 인포스먼트(European Sanction Enforcement)'에 따르면 유럽 27개국에서 2022년 2월 이후 3800건의 수사가 진행됐다. 이 수치는 언론에 보도된 사건만 집계한 것이라 실제 수사 건수는 훨씬 많을 수 있다.

실제로 독일의 공영 방송인 남서독일방송(SWR)에 따르면 러시아가 우크라이나를 침공한 2022년 2월 이후 독일 내에서 최소 1988건의 조사가 이뤄졌다. 니더작센과 작센안할트주(州)의 데이터가 취합되지 않아 실제로는 더 많을 것으로 예상된다. 아래는 남서독일방송이 집계한 독일 각 주의 제재 위반 수사 건수다.

작센: 451건

바이에른: 448건

헤센: 406건

함부르크: 161건

슐레스비히-홀슈타인: 112건

브란덴부르크: 107건

브레멘: 103건

바덴-뷔르템베르크: 90건

라인란트-팔츠: 73건

자를란트: 21건

메클렌부르크-포어포메른: 9건

튀링겐: 7건

룩셈부르크에서는 1년 만에 제재 수사가 4배 늘었다. 룩셈부르크 금융정보부(CRF)가 최근 발행한 2023년 연차 보고서에 따르면 제재 위반 및 관련 수사 건수는 2022년에 23건에서 2023년에는 100건으로 급증했다. 2022년 러시아의 우크라이나 침공 이후 강화된 제재 조치에 따른 것으로 해석된다.

룩셈부르크 금융정보부는 제재 회피 가능성과 관련해 2022년에 2건의 정보 요청서를 발송했지만, 2023년에는 13건을 발송했다. 정보 요청서의 구체적인 내용까지는 공개되지 않았지만, 이런 증가 추세는 룩셈부르크 금융 시장이 국제 제재의 영향을 강하게 받고 있다는 것을 보여 준다. 룩셈부르크 금융정보부는 제재 회피 의심 사례 2건과 관련해 4595만 유로의 자금을 동결했다고 밝히기도 했다.

룩셈부르크의 수사 증가 추세는 러시아 등의 제재 회피 시도가 급증하고 있음을 의미한다. 결국 국제 사회의 제재 이행과 정보 공유와 수사 확대로 이어질 수밖에 없다. 풍선 효과처럼 유럽이 막히면 한국을 통한 제재 회피 가능성도 커진다.

유럽 언론에선 제재 단속 사례가 연일 보도되고 있다. 미국은 지리적으로 떨어져 있어 러시아와 거래가 쉽지 않지만, 유럽은 마음만 먹으면 직접 또는 터키 등을 통해 충분히 거래할 수 있기 때문이다.

2024년 7월에는 독일 법원이 러시아에 드론 부품을 공급한 독일·러시아 이중 국적 사업가에게 징역 6년 9개월의 중형을 선고하기도 했다. 한국에서 일반 살인죄의 형량은 최소 5년 이상의 징역이다. 우리로 치면 살인죄에 맞먹는 중형을 선고한 것이다. 이 사업가는 송장과 배송 문서에 부품이 홍콩, 키르기스스탄, 카자흐스탄, 아랍에미리트, 터키의 수령인에게 보내진다고 기재했지만, 실제로는 모두 러시아로 향했다.

제재를 어기고 러시아로 자동차를 보내는 것도 심각한 범죄로 인식된다. 독일 세관조사국과 검찰청은 2024년 6월 러시아로 500만 유로 이상의 고급 자동차를 수출한 혐의로 두 곳의 사업장을 급습했다. 이 사업장은 수출 서류에 허위 목적지를 기재했는데, 실제로는 러시아로 향하게 되어 있었다. 독일의 차량 수출 규제는 우크라이나 전쟁 이후 더욱 강화됐고, 특히 고급 차량의 수출은 엄격히 통제되고 있다.

이번 급습에서 압수된 자동차 중 상당수는 벤츠와 BMW 같은 독일의 유명 브랜드였다. 러시아 부유층은 여전히 독일의 고급 자동차를 선호하는데, 수입 길이 막히자 웃돈을 줘서라도 사들이려고 한다. 독일에서 1만 6290유로에 판매되는 폭스바겐 티구안은 러시아에서 3만 439유로에 판매되고 있다. 이윤이 높아서 딜러들이 가짜 서류를 만들면서까지 제재 위반을 하는 것이다.

러시아와 벨라루스를 거치면 심지어 소방차까지 제재 대상이 될 수 있다. 국가 안보에 직접적인 위협이 되지 않아도 러시아와 관련이 있으면 무조건 제재하는 것이다. 리투아니아는 2023년 3월 말쿠만(Malku Bay) 항구에서 소방차 17대를 압류했다. 이 소방차는 벨라루스에서

짐바브웨로 배송 중이었는데, 소방차의 일부 부품이 벨라루스의 기업에서 제조됐다는 이유였다. 짐바브웨는 소방차를 받기 위해 법무부 장관까지 리투아니아로 보냈다. 짐바브웨 측은 "소방차는 살상 무기가 아닌데다 우리는 제재 위반 사실을 모르고 소방차를 구매한 무고한 제3자"라고 주장했지만, 리투아니아는 소방차를 돌려주지 않고 있다.

사실상의 간첩 역할을 한 언론인도 체포되고 있다. 에스토니아 검찰은 2024년 8월 친러 언론인 스베틀라나 부르체바를 제재 위반 및 반역죄로 기소했다. 러시아 출신인 부르체바는 에스토니아에 귀화했지만, 러시아의 심리전을 지원하는 기사를 작성했다는 혐의를 받는다.

부르체바는 러시아의 나팔수 역할을 해온 뉴스 사이트 〈스푸트니크 에스토니아(Sputnik Estonia)〉의 기자였다. 이 매체는 러시아 국영 미디어 그룹인 로시야 세고드냐(Rossiya Segodnya)의 계열사인데, 우크라이나 전쟁이 일어나기도 전인 2019년에 제재 위반으로 일찌감치 운영이 중단됐다. 그만큼 러시아의 선전 부대 역할을 해왔다.

부르체바는 2019년부터 2021년까지 전 러시아 연방보안국(FSB) 정보 요원이 만든 '하이브리드 전쟁'에 대한 프로그램을 수료했다. 하이브리드 전쟁은 군사력과 비군사적 전략을 결합해 군사뿐 아니라 경제, 심리전을 펼쳐 전쟁에서 승리하는 것을 말한다. 부르체바는 이 과정을 마친 후 《세계의 하이브리드 전쟁(Hybrid War for the World)》이라는 책을 프로그램 관계자들과 공동 집필했다. 이 책은 러시아가 승리해야 할 글로벌 하이브리드 전쟁에 대해 설명한다. 부르체바가 러시아의 '선전 요원'을 사실상 자임하고 심리전 지원에 나선 것이다.

실제로 부르체바는 2020년부터 2023년까지 〈발트 뉴스(Baltnews)〉라는 매체에서 '알란 톰'이라는 가명으로 친러시아 성향 기사를 계속 생산했다. 부르체바는 러시아 국영 TV 앵커인 드미트리 키셀료프의 지시를 받은 것으로 알려졌다.

EU의 제재에 동참하는 비EU 국가도 늘어나고 있다. 최근 EU의 각종 제재에는 북마케도니아, 몬테네그로, 알바니아, 보스니아–헤르체고비나 등 EU 가입 후보 국가와 노르웨이, 아이슬란드, 리히텐슈타인 등 미가입 국가도 함께하고 있다. 사실상 범유럽권이 하나로 뭉쳤다. 이들은 러시아뿐 아니라 베네수엘라, 시리아 제재까지 광범위하게 동참하고 있다.

유럽은 2024년 5월 유로폴을 중심으로 미국과 함께 사이버 범죄 소탕을 위한 '엔드 게임 작전(operation endgame)'을 시작했다. 영화 〈어벤져스: 엔드게임〉처럼 범죄를 뿌리 뽑겠다는 것이다. 유로폴은 세계 각국과 협력해 암호화폐 탈취범과 멀웨어 등 사이버 범죄 세력을 소탕하는 데 초점을 맞췄다.

그러나 이 작전은 곧 제재 회피와 자금 세탁 수사로 옮겨붙었고, 미국 대통령까지 가세하면서 '제재 회피 수사 엔드 게임'으로 변모했다. 바이든 대통령은 러시아의 제재 회피 수단으로 사용되는 암호화폐 네트워크에 대해 미국 법무부, 재무부, 비밀경호국이 글로벌 단속을 시행했다고 발표했다. 곧바로 미 재무부가 네덜란드와 공조해 러시아와 연관된 암호화폐 거래소 두 곳을 폐쇄했다고 밝혔다.

네덜란드도 작전 성과를 공개했다. 네덜란드 언론의 표현을 인용하자면 네덜란드 경찰과 재무정보수사국(FIOD)은 '미국 비밀경찰'과 협력해 PM2BTC와 크립텍스(Cryptex)라는 암호화폐 거래소를 폐쇄하고 700만 유로 상당의 암호화폐를 압수했다. 미국 재무부는 PM2BTC가 랜섬웨어와 기타 불법 행위와 관련된 가상 자산(CVC)의 자금 세탁을 돕고, 자금 세탁 방지와 고객 신원 확인(KYC) 프로그램을 제대로 유지하지 못했다고 했다. 크립텍스는 7억 2000만 달러 이상의 거래가 러시아 기반 사이버 범죄자들과 연관됐다는 혐의를 받는다.

엔드 게임 홈페이지에 가면 제재 회피와 자금 세탁에 대한 경고가 가득하다. 사실상 유럽과 미국의 러시아와 중국에 대한 경고인 셈이다.

러시아의 자금 세탁 창구로 유명했던 키프로스는 러시아 계좌의 90퍼센트를 폐쇄했다. 글로벌 위트니스의 보고서에 따르면 2008년부터 2018년까지 키프로스는 러시아 자금이 가장 많이 이동한 자금 세탁 경로로 나타났다. 그런데 2022년 2월 러시아의 우크라이나 침공 이후 키프로스 은행(Bank of Cyprus)은 약 7000명의 러시아 국적 고객이 보유한 2만 개의 계좌를 닫았다. 키프로스의 최대 은행인 이 은행에 남아 있는 러시아 관련 계좌는 대부분 연금 수급자용이다.

2014년만 해도 키프로스 은행 고객 중 러시아 고객이 차지하는 비중이 4퍼센트에 달했지만, 지금은 0.4퍼센트로 급감했다. 키프로스에 살지 않는 러시아인의 계좌가 한때

4퍼센트에 달했다는 것은 매우 높은 비중이다. 예를 들어 한국 시중 은행 고객의 4퍼센트가 해외에 있는 중국인이라고 했을 때 한국인들이 어떻게 받아들일지 상상해 보면 감이 오는 숫자다. 키프로스 은행은 2024년 초에는 러시아 모스크바와 상트페테르부르크 지점을 완전히 철수하기도 했다.

키프로스 은행의 사례는 금융 기관이 국제 제재 환경 변화에 따라 신속하게 내부 정책을 조정해야 한다는 점을 보여 주는 사례다. 은행이 수익을 포기하더라도 어떻게 움직여야 살아남을 수 있는지를 보여 준다.

민주주의 사회에서 범죄자의 가족에게 불이익을 주는 연좌제는 금기이지만, EU 법원은 제재와 관련해서는 '상당한 혜택'을 받았을 경우 가족도 제재할 수 있다고 판결했다. 그만큼 법원도 제재 회피를 심각하게 본다는 의미다.

EU 법원은 2024년 9월 러시아 광산 재벌 알렉세이 모르다쇼프의 아내 마리나 모르다쇼바의 EU 제재 명단 등재를 유지하기로 했다. 마리나는 남편인 알렉세이와의 관계로 인해 제재 대상이 됐다. 마리나는 제재를 회피하려는 의도로 가족 구성원이 혜택을 받은 경우에만 제재가 적용돼야 한다고 주장했지만, 법원은 받아들이지 않았다.

법원은 마리나가 알렉세이와 가까운 관계를
유지하고 있고, 알렉세이가 제재 대상이 된 이후에도
마리나가 상당한 혜택을 받고 있다고 판단했다. 특히 법원은
마리나가 여전히 알렉세이 모르다쇼프와 같은 성(姓)을
공유하고, 그와 자녀를 두고 있다는 점을 들어 제재 유지의
근거로 삼았다. 그녀의 성 모르다쇼바는 모르다쇼프의
여성형으로 사실상 같은 성이다.

이 판결은 EU 제재 기준의 해석과 적용에 중요한
선례를 남겼다. 특히, 제재 대상자와 가까운 가족 구성원에
대한 기준이 어떻게 적용될 수 있는지를 명확히 했다. 앞으로
제재 대상자와 가족 구성원 간의 재정 거래가 더욱 엄격하게
감시될 수 있음을 시사한다.

러시아의 뒷배, 중국

주목할 점은 그동안 침묵하던 스웨덴 같은 유럽 국가들도
러시아와 중국에 대한 압박에 적극적으로 나서고 있다는
것이다. 러시아에 대한 적개심이 사실상 러시아의 '뒷배'인
중국으로 옮겨붙고 있다.

스웨덴 외교부 장관 토비아스 빌스트룀은 2024년 8월 스웨덴 언론과의 인터뷰에서 러시아에 대한 EU 제재를 우회하는 중국 기업에 새로운 EU 제재를 내리자고 제안했다. 그는 "중국이 러시아의 전쟁을 가능하게 하고 있다"면서 러시아 전쟁 물자의 80퍼센트가 중국을 통해 유입되고 있다는 나토 보고서를 언급했다. 다만, 빌스트룀이 언급한 나토 보고서가 무엇인지는 확인되지 않는다.

빌스트룀 장관은 중국이 러시아 군수 산업에 필요한 물자를 계속 판매할 경우, EU가 중국 기업 제재를 강화할 수 있다고 경고했다. 그러면서 스웨덴 역시 추가 제재 가능성을 열어 두고 있다고 밝혔다.

2024년 7월 워싱턴에서 열린 나토 정상 회의에서도 중국이 러시아에 물자 제공을 멈추지 않으면 제재하겠다는 경고 성명이 발표됐다. 미국은 이미 중국에 다양한 제재와 관세를 부과하고 있지만, 유럽의 나토 국가들은 아직 상대적으로 제한적인 제재를 시행하고 있다. 그러나 EU는 2024년 6월 러시아 전쟁 지원 기업을 대상으로 새로운 제재 패키지를 발표했는데, 이 중 19개 기업이 중국 기업이었다. EU도 중국에 직접적인 제재를 가하려는 신호탄으로 해석된다.

다만 EU 내부 사정이 복잡해 대중국 제재가 전방위적으로 확대될지는 지켜봐야 한다. 현재 EU의 순환 의장국을 헝가리가 맡고 있는데, 빅토르 오르반 헝가리 총리는 유럽 내 대표적인 친중파로 알려져 있다. 오르반 총리는 2024년 7월 다른 EU 국가들의 반대에도 중국을 방문하기도 했다. 이에 스웨덴 외교부 장관은 "헝가리가 제재를 약화하려는 시도를 경계하며 반대할 것"이라고 말하기도 했다.

스웨덴은 정부 차원의 국가 안보 전략에서 중국을 국가 안보에 위협이 되는 국가로 간주하고 있다. 중국을 단순히 우크라이나 전쟁을 지원하는 존재로만 보는 것을 넘어, 스웨덴의 정보와 안보를 위협하는 주요 국가로 판단하는 것이다. 유럽 전역에 국가 안보를 이유로 반중 정서가 널리 퍼지고 있음을 보여 준다.

현재 EU의 중국에 대한 제재 수위는 미국과 비교해 낮은 편이라 추가 제재 여지는 많다. 향후 EU가 대중국 제재 수위를 어느 정도까지 끌어 올릴지가 글로벌 블록화를 가늠하는 새로운 지표가 될 수 있다.

스탠퍼드대 프리먼 스포글리 국제학연구소는 2024년 5월 '제재 강화 계획 3.0: 러시아 연방에 대한 제재 강화'라는 보고서를 내놨다. 이 연구소는 러시아의 우크라이나 침공에 대응해 제재에 관한 국제 실무 그룹을 결성했다. 그룹의 목표는 러시아의 자원을 줄여 전쟁을 조속히 종결하기 위한 아이디어를 제공하는 것이다.

한국도 그렇지만 유명 대학의 국제학연구소 보고서는 미국 정책 당국자나 의회에 그대로 전달돼 정책으로 구체화될 수 있다. 이 보고서가 눈길을 끄는 이유는 우크라이나 전쟁의 후폭풍이 어떤 식으로 제재 전쟁으로 이어질 수 있는지를 생생하게 보여 주고 있어서다. 바이든 행정부 출범 이후 미국은 개인과 단체에 6000건 넘는 제재를 가했지만, 아직도 쓸 수 있는 수단이 많다. 그리고 향후 국제 질서는 냉전 시기와 같은 수출 통제 체제로 갈 수밖에 없다고 보고서는 진단하고 있다.

연구소는 러시아에 부과된 제재가 2차 세계 대전 이후 가장 광범위한 조치라고 평가하면서도 추가적인 제재가 필요하다고 평가했다. 50개국이 연합해 러시아를 제재하고

있지만, 러시아는 자원을 수출하고 중국으로부터 물자를 계속
공급받으며 살아나고 있다는 것이다.

　　　연구소는 해외에 동결된 러시아 자산, 특히 3000억
달러에 달하는 러시아 중앙은행 자산을 몰수해 우크라이나
전쟁 비용과 재건 비용으로 쓰자고 제안했다. 또한 우라늄,
알루미늄, 철강 등에 대한 금수 조치를 강화하고 러시아의
모든 수입품에 전면 관세를 부과할 것을 권고했다. 아울러
러시아산 원유 가격 상한선을 현재 60달러에서 50달러로
낮춰야 한다고 주장했다.

　　　이와 함께 냉전 시기 공산권에 대한 기술 금수를
주도했던 대공산권수출통제위원회(COCOM)의 재창설을
제안했다. 여기에다 2차 제재를 확대해 제재 회피를 돕는
중국, 아랍에미리트, 터키, 중앙아시아, 남캅카스 국가의
개인과 회사에 대한 전방위적인 제재를 해야 한다고
주장했다.

　　　스탠퍼드대 프리먼 스포글리 국제학연구소의 제안은
간명하다. 러시아에 제재를 가한 50개국을 중심으로 냉전
시절과 유사한 수출 통제를 시행하고, 이를 어기는 국가, 단체,
개인에는 달러 거래에서 퇴출시키는 등 2차 제재를 가하자는
것이다. 그리고 이러한 제재를 중국을 포함해 러시아를 도울

수 있는 모든 국가에 적용하자는 주장이다. 결국, 우크라이나 전쟁이 역사의 시곗바늘을 냉전 시대로 되돌리고 있다.

동결에서 몰수까지

스탠퍼드대 프리먼 스포글리 국제학연구소의 주장처럼, 전쟁이 계속되고 제재가 강화되면서 해외에 동결된 천문학적인 러시아 자산의 처리 문제가 첨예한 이슈로 떠오르고 있다. 이 돈을 몰수하게 되면 전쟁이 끝난 후 우크라이나 재건 자금으로 쓸 수 있기 때문이다.

　　이런 가운데 영국에서 상당히 의미 있는 판결이 나왔다. 영국 국가범죄청(NCA)은 2024년 7월 제재 대상인 러시아 재벌 표트르 아벤과 관련된 재산 75만 파운드(13억 원)의 몰수를 법원이 승인했다고 밝혔다. 자산 동결이 아닌 몰수로는 첫 사례였다. 국가범죄청은 이 돈을 아벤의 재산을 관리하던 영국인으로부터 몰수했다.

　　이 자금은 아벤이 2022년 3월 오스트리아에서 영국으로 이체한 370만 파운드 중 일부였다. 아벤이 제재를 피하기 위해 계좌 명의를 재산 관리인으로 바꿔 돈을 관리하고 있던 것으로 밝혀졌다. 아벤은 EU와 영국의 제재 시행 직전에 자금을 영국으로 은밀히 옮겨 이를 직원 급여나 고급 차량 구매에 사용한 정황도 드러났다.

이번 몰수 조치는 영국의 범죄수익법(Proceeds of Crime Act)에 따른 것으로, 선례가 나온 만큼 향후 유럽과 전 세계에서 유사한 사례가 더 나올 수도 있다.

아직 몰수까지는 아니지만, G7과 EU는 동결된 러시아 자산에서 발생하는 수익을 활용해 우크라이나 재건 기금을 마련하기로 합의했다. 벌써 수조 원의 자금이 우크라이나로 들어가고 있다.

벨기에 브뤼셀에 본사를 둔 결제 정산 전문 업체 유로클리어(Euroclear)는 2024년 7월, 자사가 관리 중인 러시아 동결 자산에서 발생한 수익 중 15억 5000만 유로(2조 3000억 원)를 우크라이나 기금에 지급할 예정이라고 밝혔다. 이제까지 우크라이나 기금에 전달된 자금 중 가장 큰 규모다. 이 기금은 2024년 7월 기준으로 총 3억 7300만 유로를 모은 상태였다. 유로클리어의 자금을 합하면 19억 유로가 넘는 돈이 모이는 셈이다.

G7과 EU는 우크라이나에 최대 500억 유로를 대출할 수 있도록 하고, 이 중 대부분을 동결된 러시아 자산에서

발생하는 이자를 사용해 분할 상환할 계획이다. 유로클리어의 발표는 러시아 제재 자산의 이자 수익을 통한 우크라이나 재건 계획이 본궤도에 오르고 있음을 보여 주는 대표적인 사례다.

러시아 자산 추가 동결도 계속되고 있다. 스위스는 2024년 8월 러시아 재벌이자 상원의원인 술레이만 케리모프와 관련된 13억 스위스 프랑(미화 15억 달러)을 동결했다. 케리모프는 블라디미르 푸틴 러시아 대통령의 측근이다. 이로써 스위스에서 동결된 러시아 자산 총액은 71억 프랑(미화 82억 달러)에 이르렀다.

유럽을 포함한 국제 사회는 러시아의 숨겨진 자산을 추적하는 활동을 계속하고 있다. 그리고 이 자산은 향후 우크라이나 재건을 위한 재원으로 활용될 가능성이 커지고 있다.

6장. 중국과 러시아의 도전

서방이 전방위 압박을 가하자 중국과 러시아는 물물 교환
방식의 무역도 검토하고 있다. 금융 기관을 이용하면서
미국과 서방의 제재를 피하는 것이 사실상 불가능해지자
국경에서의 물물 교환을 통한 물자 공급으로 리스크를
최소화하려는 전략이다. 앞서 소개한 대로 스웨덴 외교부
장관 토비아스 빌스트룀은 "중국이 러시아 전쟁 물자의
80퍼센트를 공급하고 있다"고 말하기도 했다. 당연히 서방의
대중·대러 제재는 더욱 강해질 수밖에 없다.

2024년 8월 〈로이터〉는 중국과 러시아가 미국이
감시하는 은행 시스템 사용을 줄이기 위해 노력하고 있다고
보도했다. 〈로이터〉가 접촉한 러시아 소식통들은 러시아와
중국이 물물 교환에 관한 규정을 개발하고 있다고 밝혔다.
이들은 익명을 요구했는데, 모두 양국 간 무역에 밀접하게
관여하는 사람들이었다. 러시아 대형 은행의 고위 관리자도
물물 교환 방식이 준비 중이라고 밝혔으나 자세한 내용은
공개하지 않았다. 결제 분야에서 일하는 한 소식통은
러시아가 식품을 수출하는 거래를 논의하고 있다고 전했다.

중국은 물물 교환의 노하우도 갖고 있다.

2019년 중국은 말레이시아 팜유와 중국의 건설, 국방 장비를 교환하는 물물 교환 무역을 하기도 했다. 말레이시아의 퍼사다 시야바스와 중국 국영 국방 기업인 폴리테크놀로지스가 계약을 체결했는데, 양측은 이 거래를 통해 말레이시아의 친환경 팜유 인증서가 중국에서도 통용될 수 있도록 제도를 정비하기도 했다. 필요할 때는 언제든 물물 교환을 확대할 수 있는 제도적 장치를 마련한 것이다.

2021년에는 한 중국 기업이 200만 달러 상당의 자동차 전기 부품을 이란에 수출하고 그 대가로 피스타치오를 받기도 했다. 국제 사회로부터 오랜 제재를 받아 온 이란은 자동차 부품의 80퍼센트 정도만 자체 생산할 수 있는 것으로 알려졌다. 첨단 산업이 부족해 전기 부품은 자체 제작이 어려운 상황이었다. 이란에 대한 제재로 달러 등 외환 거래를 할 수 없다 보니 물물 교환 방식을 택했다. 중국으로선 제재에 걸리지 않는 안전한 거래를 할 수 있게 된 것이다.

중국 관리들도 대규모 물물 교환 무역을 준비하고 있다. 2024년 7월 러시아와 국경을 맞댄 중국 북동부의 헤이룽장성 관리들은 중국 동부 산둥성 관리들과 칭다오에서 만났다. 양측의 만남은 "물물 교환 무역과 경험에 대한 이해를 심화하고 중국과 러시아 간의 새로운

형태의 물물 교환 무역을 모색"하기 위한 것이라고
《사우스차이나모닝포스트》는 전했다.

　　이 자리에서는 케냐와 우간다 등 아프리카 국가와의
물물 교환 사례도 공유됐다. 실제로 중국 허난성 무역 자료를
보면 차량, 부품, 건축 자재, IT 제품, 의료 기구 등을 수출하고
대가로 원자재와 농산물, 망간 광석 등을 받은 사례가 많다.
지역별로 차이는 있지만, 물물 교환 무역이 이미 안정적으로
자리 잡은 곳도 있다.

　　장쑤성 롄윈강시의 상무국장은 2024년 6월 성명에서
러시아와의 무역은 어려움과 기회를 동시에 내포하고
있다며, 물물 교환을 통한 새로운 무역 방식을 연구하고
혁신을 두려워하지 말아야 한다고 강조했다. 또한 중국 수출
업체들이 직면한 문제인 러시아의 결제 지연을 해결하는 데
도움을 주기 위해 세관 등의 도움이 "강화될 것"이라고 했다.
중국 세관은 물물 교환 무역이 외부에 노출되지 않도록 일반
무역으로 기록하는 것으로 알려졌다.

　　러시아도 2024년 2월 자국 기업에 물물 교환 거래를
수행하는 방법을 안내하는 문서를 발표하며 본격적인 준비에
나섰다. 15쪽 분량의 문서에는 비용과 관세를 계산하는
단계별 가이드, 필수 회계 요구 사항 설명, 양자 및 다자 물물

교환 거래를 위한 계약서 양식 등이 포함돼 있다. 러시아의 한 소식통은 〈로이터〉에 러시아가 중국에 금속을 보내고 기계를 받는 교환 거래가 기업들 사이에서 논의되고 있다고 전했다.

사실 중국과 러시아의 물물 교환은 1991년 소련이 붕괴하기 전까지는 흔한 거래 방식이었다. 중·러 디지털 결제 합작 회사 관계자는 "1990년대 초반까지도 중국과 러시아 간에 물물 교환 거래가 있었던 것으로 기억한다. 그러나 은행 부문의 발전으로 양국의 모든 무역이 완전히 은행 결제로 전환됐다"고 했다.

중국과 러시아 간에 결제 문제가 점점 빡빡해지자 양국은 브릭스(BRICS, 브라질·러시아·인도·중국·남아프리카 공화국)를 통한 새로운 결제 체제를 구축하려는 움직임을 보인다. 미국의 2차 제재를 두려워한 은행들이 직접 결제를 거부하면서 러시아와 중국 기업들은 홍콩에 실물 금덩이를 보내 거래하기도 하는 것으로 알려졌다. 거래가 은밀하게 진행되다 보니 결제 금액의 최소 6퍼센트를 수수료로 떼이고 있어 중국 소기업들은 거래를 포기하는 상황이다. 이로 인해 러시아에서는 일부 생필품의 부족 현상도 나타나고 있다.

그러자 푸틴 러시아 대통령은 브릭스 국가 간 자국 통화 결제를 확대하자고 제안했다. 2024년 10월 러시아 카잔에서 열린 브릭스 정상 회의에서 푸틴은 신개발은행(NDB) 총재와 만나 "브릭스 회원국 간 현지 통화 결제 비중을 늘리면 재정 독립성이 증가하고 지정학적 위험이 줄며, 경제 발전이 정치에서 자유로워질 수 있다"고 했다. 신개발은행은 브릭스가 미국 주도의 국제 금융 질서에 맞서겠다며 2014년에 출범시킨 은행이다.

푸틴은 이번 브릭스 정상 회의에서 20개국 이상의 국가 원수를 만나 '탈(脫)달러'를 주장했다. 이번 회의에서 이란, 사우디아라비아, 아랍에미리트, 이집트, 에티오피아가 정식 회원국이 되면서 브릭스는 전 세계 GDP의 28퍼센트, 인구의 45퍼센트를 차지하는 협력체가 됐다.

물론 푸틴의 탈달러 계획이 바로 현실화하기는 힘들다. 중국도 2000년대 중반부터 탈달러를 추진했지만 지금까지 뚜렷한 성과를 내지는 못했다. 그러나 우크라이나 전쟁 이후 러시아가 자체 결제 시스템 미르(Mir)를 통해 국내 결제 시장을 안정화한 사례처럼, 대체 수단이 늘어날수록 달러 패권에 조금씩이라도 영향이 있을 수밖에 없다. 중국도 자체 결제 시스템 CIPS(Cross-Border Interbank Payment System)를 통해 위안화 거래를 국제화하고 있다. 오래 걸리겠지만 점진적인 변화는 이뤄지고 있다.

중국도 제재를 주요 외교 정책 수단으로 활용하려는 경향이
뚜렷해진다. 2021년 3월 미국, EU, 영국 등이 '글로벌
마그니츠키 인권법'에 따라 중국 내 위구르족 등 소수 민족의
인권 탄압에 연루된 중국 공무원들을 제재하자, 중국은 이에
반발해 중국의 주권과 이익을 심각히 침해하고 악의적으로
허위 정보를 퍼트렸다는 이유로 EU 인사 10명과 단체 4곳을
제재했다. 또한 2022년 8월 낸시 펠로시 미 하원의장이
대만을 방문하자 중국은 대만을 원산지로 표기한 모든 부품의
수입을 금지하는 경제 제재를 발표했다.

　　　중국은 2020년 9월 '신뢰할 수 없는 기업에 대한
규칙'을 공포하고 중국의 주권, 안전, 발전을 침해하거나
자국 기업에 피해를 주는 외국 기업에 대해 무역 및 투자를
제한하고, 관련자의 중국 입국과 체류를 제한할 수 있도록
했다. 그해 12월에는 수출 통제 제도의 법적 근거를 마련하고
이 제도를 현대화하기 위해 '수출통제법'을 제정했다. 이
법은 향후 미국과의 갈등 상황에 따라 미국에 대대적인 보복
조치를 할 수 있는 근거가 된다는 평가를 받는다.

　　　2021년 6월에는 '외국의 중국 제재 방지에 관한

법률(반외국제재법)'을 제정해 중국을 제재하는 국가에 대해 보복할 수 있다는 점을 법적으로 명확히 했다. 이 법은 G7이 신장 위구르 지역의 인권 문제를 비판하고 홍콩의 민주적 자치권을 보장하라고 촉구하는 공동 성명이 발표된 뒤 공포됐다. 반외국제재법은 외국 정부가 중국 내정에 간섭하면 대응 조치를 실시하고, 중국 국민과 기업, 단체에 부당한 차별과 제한을 가하면 상응 조치를 취할 수 있도록 규정하고 있다.

실제로 중국은 2024년 8월 신장 위구르와 티베트, 홍콩 민주화 시위 등 인권 문제와 관련해 중국을 비판해 온 짐 맥거번 미 하원의원을 제재했다. 중국은 2020년에도 홍콩과 신장 위구르 문제를 제기한 마르코 루비오, 테드 크루즈 상원의원을 제재하는 등 미국 유력 정치인에 대한 제재를 이어 가고 있다.

중국 외교부는 성명에서 "맥거번 하원의원이 수년간 빈번하게 중국 내정에 간섭하고 중국의 주권, 안보, 발전 이익을 침해해 왔다"면서 반외국제재법에 따라 제재를 부과한다고 밝혔다. 제재 조치는 중국 내 동산·부동산 등 자산 동결, 중국 내 조직·개인과의 거래·협력 등 활동 금지, 맥거번 의원과 가족(배우자와 자녀)의 중국 비자 발급과 입국 금지

등을 포함한다. 맥거번 의원이 중국 내 자산을 보유하고 있을 가능성은 작지만, 상징적인 조치를 한 것이다.

맥거번 의원은 인권 문제에서 반중 목소리를 내고 대만을 지지해 온 인물이다. 미 의회에서 전 세계 인권 문제를 조사하는 '톰 랜토스 인권 위원회' 공동 의장을 맡고 있다. 또 미 의회의 초당적 기구인 '의회·행정부 중국위원회(CECC)' 위원으로 활동하고 있다.

중국은 2024년 7월에는 신장 위구르 지역 등의 인권 문제를 제기하는 미국 관리들에게 비자 발급을 제한할 것이라고 발표했다. 미국이 중국 관리에게 비자 제한 조치를 가하자 대응으로 내놓은 제재인데, 이처럼 양국은 서로 고위직 관리에 대한 제재를 주고받으며 날카로운 신경전을 벌이고 있다.

중국 외교부 대변인은 정례 브리핑에서 비자 제한의 배경을 이렇게 설명했다. "미국은 허위 정보를 유포하며 중국의 인권 상황을 비판하고 있다. 중국 내정을 심각하게 간섭하고, 국제법과 국제 관계의 기본 준칙을 심각하게 위반하고 있다. 중국은 이에 대응해 인권 문제에 거짓말을 하고 대중 제재를 추진하는 등 중국의 이익을 해치는 미국 관리들에게 법에 따라 비자를 제한할 것이다."

미국의 제재로 신장 위구르 지역 기업들이 큰 타격을 입자 중국 정부도 본격적인 지원에 나섰다. 중국 관영 매체 《글로벌타임스》는 2024년 9월 미국의 신장 위구르 제재에 대응하기 위한 중국의 결의안이 발효됐다고 보도했다. 기업의 피해 규모가 중국 정부가 더 이상 외면할 수 없는 수준까지 커졌다는 것이다.

결의안은 미국의 제재 대상이 된 기업을 정부가 지원하는 것이 "정당하고 확고한 의무"라고 규정했지만, 구체적인 지원 금액은 알려지지 않았다. 《글로벌타임스》는 "미국이 이른바 강제 노동 혐의로 제재 대상에 올린 신장 위구르 지역의 기업들은 일자리 창출과 농민 소득 증대에 기여하고 있다"면서 "미국의 위구르 강제노동금지법이 실질적으로 이 지역 제품의 미국 시장 진입을 막고 있다"고 지적했다.

송금 대신 현금과 코인

한편 러시아는 우크라이나 침공 이후 달러 현금 확보에 사활을 걸고 있다. 〈로이터〉는 2024년 8월 러시아가 전쟁 이후 24억 달러 상당의 달러와 유로 현금 다발을 러시아로 운송했다고 보도했다. 세관 데이터를 통해 확인된 금액만 집계했기 때문에 실제 운송된 지폐는 훨씬 많을 수 있다.

세관 데이터에 따르면 이 달러와 유로 지폐는 아랍에미리트와 터키 등 서방의 대러 제재에 동참하지 않는 국가들로부터 유입됐다. 이 중 절반 이상은 어디서 흘러든 돈인지 원산지가 기록돼 있지 않았다. 미국은 러시아의 제재 우회를 돕는 금융 기관을 제재해 왔지만, 이렇게 현금이 흘러 들어오는 것까지는 막지 못했다.

2022년 2월부터 2023년 말까지 러시아에서 해외로 유출된 달러와 유로 지폐는 9800만 달러에 불과했다. 러시아가 외화 유출을 막기 위해 사력을 다하고 있음을 보여 준다. 반면 외화 유입은 훨씬 많았다. 최대 외화 신고자는 면세품 판매 회사인 에어로-트레이드였는데, 해당 기간에 15억 달러의 달러와 유로 현금을 러시아로 들여왔다고 세관에 신고했다. 이 돈은 회사 본사와 가까운 모스크바 도모데도보 공항으로 들어왔다. 세관 신고서에는 기내 상업 활동 수익 등으로 기록됐다.

그러나 에어로-트레이드가 세관에 제출한 문서에는 현금의 소유주나 출처는 기록되지 않았다. 실제로 에어로-

트레이드는 2000만 유로를 프랑스의 한 화장품 회사를 통해 들여왔다고 신고했지만, 이 프랑스 회사는 에어로-트레이드와 아무 연관도 없다고 밝혀 자금 출처가 오리무중인 상태다.

이 외에도 러시아는 귀금속 수출로 현금 5억 8000만 달러를 받은 것으로 나타났다. 예를 들어 러시아의 비타뱅크는 2022년부터 2023년까지 터키의 금 거래 회사로부터 6480만 달러의 현금을 수령하고, 같은 기간 금과 은 5950만 달러어치를 수출했다. 터키 회사 측은 현금을 보낸 이유에 대해 "러시아가 서방 금융 시스템에서 차단돼 전통적인 전신 송금으로 대금을 결제할 수 없었다"고 했다. 미국의 제재 대상인 러시아 국영 군수 업체 로스텍(Rostec)도 현금 수입을 신고한 것으로 알려졌다.

현재 모스크바에서는 중국 위안화가 가장 많이 거래되는 외국 통화지만, 달러와 유로에 대한 선호는 여전하다. 러시아의 금융 기관 관계자는 "개인에게 달러는 여전히 신뢰할 수 있는 통화"라고 했다. 특히 러시아는 우크라이나 침공 직전인 2021년 11월부터 2022년 2월까지 달러와 유로 현금을 대거 수입했다. 이 기간에 러시아로 들어온 달러·유로 지폐는 189억 달러였는데, 이전 4개월간의

1700만 달러와 비교해 급증했다. 전쟁을 시작하기 전에 달러 지폐부터 쌓아 놓은 것이다.

이 사례는 서방의 금융 제재가 러시아를 완전히 고립시킬 수는 없다는 것을 보여 준다. 러시아는 제재를 회피하기 위해 제3국을 통해 외화를 수입하는 등 다양한 방법을 동원하고 있다. 게다가 금 같은 지하자원이 많은 러시아는 현금화할 수 있는 수단이 다양하다. 특히 아랍에미리트와 터키가 러시아의 제재 회피에 중요한 역할을 하고 있어, 제재의 효과를 높이려면 국제 협력이 필수적이라는 점을 시사한다.

현금 확보에 이어 러시아는 무역에서 암호화폐 사용을 아예 합법화했다. 러시아 하원인 두마는 2024년 8월 암호화폐를 사용해 국경 간 무역 거래를 할 수 있도록 하는 법안을 통과시켰다. 두마 의장인 아나톨리 악사코프는 법안을 통과시키면서 "우리는 금융 분야에서 역사적인 결정을 내리고 있다"고 했다. 여기에다 러시아 중앙은행도 민간이 만든 가상화폐를 통한 해외 송금을 허용하기로 했다. 2022년까지만 해도 러시아 중앙은행은 통화 정책 주권을 이유로 가상화폐 사용과 채굴을 금지하자고 주장했지만, 지금은 비트코인, 이더리움뿐 아니라 이른바 '잡코인'을 통해서라도 돈이 되는 것은 뭐든 확보하려 하고 있다.

러시아는 루블의 디지털 버전 도입도 모색하고 있다. 엘비라 나비울리나 러시아 중앙은행 총재는 2025년 7월에 디지털 루블의 구현을 시도할 계획이라고 밝혔다. 러시아가 가상화폐를 통한 국제 결제를 허용하는 법안을 통과시킨 것은 제재 속에서 회피 수단을 찾으려는 노력의 일환이다. 동시에 중앙은행 디지털 통화(CBDC) 도입은 새로운 금융 블록화의 출발점이 될 수도 있다.

반면 서방은 제재 회피 수단이 되는 가상화폐에 대한 규제를 강화해야 하는 상황이 됐다. 실제로 캐나다 금융거래보고분석센터(FINTRAC)는 2024년 8월 제재 회피와 관련된 거래를 보고해야 하는 새로운 의무를 부과하는 특별 공지를 발표했다. 캐나다 당국은 특히 중국과 홍콩을 통한 중개 거래, 불투명한 법인 구조 사용, 비거주 은행 이용, 대리인 사용 및 가상화폐 이용을 요구할 경우 제재 회피를 의심할 것을 주문하기도 했다.

중국은 숨을 고르며 상황 관리에 들어가는 모습도 보인다. 러시아를 지원하면서도 자국의 이익을 중심으로 움직이는 것이다. 미국과 유럽처럼 한 묶음으로 움직이는 서방과 달리, 중·러는 철저히 이해관계에 따라 합종연횡을 한다. 중국 입장에서는 경기 침체가 지속되는 상황에서 서방과 전선을 확대할 수 없다는 현실적인 계산도 깔려 있다.

G7은 2024년 6월 중국의 일부 소규모 은행들이 러시아를 돕는 등 제재를 위반하고 있다며 경고했다. 중국의 대형 은행들은 미국의 2차 제재를 우려해 중·러 거래에 신중한 태도를 유지해 왔지만, 작은 은행들은 지하 금융 채널이나 가상화폐 결제 등의 방식을 통해 러시아와 교역을 이어 가고 있는 것으로 알려졌다.

중국의 지원이 절실한 러시아의 푸틴 대통령이 2024년 5월 중국을 방문하면서 러시아-중국 국경 지역의 중소 은행을 통한 교역이 활발해진 것으로 전해졌다. 푸틴 방문 이후 국경 지역에 특별 허가를 받은 은행들이 설치됐고, 러시아 기업들이 중국 은행에 비거주 계좌(NRA)를 개설할 수 있게 됐다. 이에 따라 2023년 양국 간 무역액은 사상 최대인

2400억 달러에 이르렀다. 우크라이나 전쟁 이후 전방위적
제재를 받는 러시아에는 중국이 생명줄이나 다름없다.
중국과의 원활한 결제 유지를 위해 푸틴까지 직접 나선
이유다.

　　미국이 이런 상황을 모를 리가 없다. 미국은 이미
러시아 대형 은행의 중국 지점을 제재 리스트에 올렸다.
러시아 민간 은행 알파뱅크는 상하이와 베이징에 지점을
열려고 했지만 무산됐다. 푸틴 방문 이후 활성화됐던 중국
중소 은행을 통한 러시아 교역도 한 달여 만에 사실상
중단됐다.《모스크바타임스》에 따르면 2024년 8월 기준 중국
은행의 98퍼센트 이상이 러시아와의 직접 거래를 거부하고
있다. 6월까지만 해도 일부 결제가 가능했는데, 7월 20일
이후로는 결제가 사실상 중단된 상태다.

　　상황이 바뀐 데에는 미국 재무부의 2차 제재 경고가
결정적으로 작용했다. 미 재무부 해외자산통제국은 2024년
7월 16일 러시아 제재 목록에 '2차 제재 위험'이라는 경고
문구를 추가했다. 행정 명령 14024의 11항에 근거한 것인데,
외국 금융 기관이 러시아 군사 산업과 관련한 중대한 거래를
수행하거나 지원하면 제재를 가하도록 명시하고 있는
조항이다. 러시아에 직간접적으로 판매·공급한 서비스가 군사

산업에 사용될 때도 제재하도록 하고 있다. 이 조건을 충족할 경우 달러 거래가 금지되고 미국 내 자산이 동결될 수 있다.

이 경고가 사실상 '최후통첩' 역할을 했다. 그동안 러시아 기업의 피난처 역할을 해왔던 중국의 지역 은행들조차 러시아 측과 거래를 중단했다. 중국 은행의 러시아 지점도 대부분의 거래를 중단했다. 그래도 중국 지역 은행 일부는 거래를 유지하고 있는데, 이들은 전산을 통하지 않고 국경을 넘나드는 택배 업체를 통해 서류에 도장과 서명을 받아 가며 거래한다. 사실상 소규모 거래밖에 할 수 없는 방식이다.

중국 지방 은행을 통한 결제까지 막히자 러시아 기업들은 제3국을 경유한 결제를 시도하고 있지만 쉽지 않은 상황이다. 여기에다 중국 기업들도 러시아 금융 기관의 중국 지점에서 오는 돈을 받지 않으려 하고 있다. 중국의 대형 은행들은 처음부터 사실상 미국의 대러시아 제재를 준수하고 있다. 중국 수출입 거래의 77퍼센트가 위안화가 아닌 달러와 유로화로 결제되기 때문이다.

미국이나 유럽으로서도 중국의 중앙은행과 주요 상업 은행에 대한 전면적인 제재는 세계 경제에 극심한 혼란을 초래할 수 있어 부담스럽기는 마찬가지다. 중국의 외환 보유고가 동결되면 중국 경제는 큰 타격을 입고,

글로벌 금융 시스템과 무역에도 막대한 영향을 미칠 수밖에 없다. 그리고 중국과 세계 무역이 중단되면서 전 세계가 인플레이션으로 고통받게 될 가능성도 크다.

그렇다고 미국이 중국 대형 은행에 대한 제재 가능성을 완전히 닫은 것은 아니다. 오히려 대외적으로 경고성 발언을 계속하고 있다. 재닛 옐런 미국 재무장관은 G7의 중국 중소 은행 경고가 나온 2024년 6월 뉴욕에서 기자들에게 "대러시아 제재를 조직적으로 위반하면 중국 대형 은행에 대한 제재도 불사할 것"이라고 말하기도 했다.

중국과 러시아를 연결하는 대규모 에너지 프로젝트인 시베리아-2 가스관 프로젝트도 좌초되고 있다. 가스관은 몽골을 지나가는데 몽골 정부가 이 프로젝트를 2028년까지 예산 계획에 포함하지 않았기 때문이다. 중국과 러시아가 가스관 건설과 관련해 합의를 이루지 못한 결과로 보인다.

시베리아-2 가스관은 서부 시베리아의 야말반도에서 중국으로 가스를 공급하는 계획이다. 이 가스는 원래 EU에 판매될 예정이었지만, 우크라이나 침공 이후 러시아는 유럽을 대신할 시장으로 중국을 염두에 두고 있었다. 그러나 중국은 공급 가격을 놓고 러시아와 의견

차이를 보이며 합의할 만한 특별한 이유가 없다는 입장을 유지하고 있다. 가격도 가격이지만 중국은 러시아 에너지 의존도를 높이면 러시아에 휘둘릴 수 있다는 점을 우려한다.

대신 중국은 러시아가 아닌 제3국의 가스를 선호한다. 시진핑 주석은 투르크메니스탄의 가스를 중국으로 공급하는 네 번째 가스관인 이른바 '라인D' 건설에 지원을 약속했다. 투르크메니스탄 가스관은 길이가 짧고 중국이 건설과 운영을 통제할 수 있어 더 큰 이익이 있다고 판단한 것이다.

중국과 러시아는 한배를 탄 것처럼 보이지만, 실상을 들여다보면 철저히 각자의 이익에 따라 움직이고 있다.

7장. 자금 세탁 전쟁

러시아의 우크라이나 침공은 자금 세탁 방지에 있어
분기점이 됐다. 서방은 전 세계에 흩어져 있는 러시아 자산을
동결하고, 푸틴 정권과 결탁한 올리가르히(신흥 재벌)의
재산을 광범위하게 제재 대상으로 삼았다. 여기에 대응해
러시아는 돈을 숨기기 위한 자금 세탁에 전력을 다하고
있다. 암호화폐는 자금 세탁의 최전선으로 떠올랐고, 핀테크
기업들도 이 문제로 비상이 걸렸다. 이 외에도 카지노,
해외 투자 영주권, 부동산 시장도 자금 세탁 방지 규제가
강화되면서 체계 자체가 변하는 상황이 됐다.

미·중 패권 경쟁도 자금 세탁 문제에 새로운
도전 과제를 던지고 있다. 세계 곳곳에 퍼져 있는 중국인
네트워크가 자금 세탁 조직의 핵심이 되기 시작했고,
중국인들이 운영하는 일부 은행에는 대주주에게 강제 매각
명령이 내려지기도 했다.

바뀐 사회 분위기 탓에 자금 세탁 문제로 해외
유력 은행의 은행장이 교체되거나 심지어 감옥에 가는
사례도 생기고 있다. 특히 러시아와 관련된 경우에는 처벌이
예상보다 더 강하게 나오는 경향이 나타난다.

2024년 9월 스웨드뱅크(Swedbank) 은행장을 지낸 비르기테 보네센이 스웨덴에서 자금 세탁 방지 문제와 관련해 고객과 주주를 속인 혐의로 15개월의 징역형을 선고받았다. 1심에서 나온 무죄 판결을 항소 법원이 뒤집은 것이다. 스웨드뱅크는 북유럽의 대표적 상업 은행 중 하나로, 특히 에스토니아에서 가장 큰 시장 점유율을 차지하고 있다.

스웨드뱅크는 2007년부터 2019년까지 에스토니아 지사를 통해 400억 유로(59조 원) 상당의 의심스러운 자금 거래를 처리한 혐의를 받았다. 특히 2014년에서 2016년 사이에 에스토니아 지사에서 1억 유로에 달하는 자금 세탁이 이뤄진 것으로 의심된다.

보네센은 2018년 말과 2019년 초에 자금 세탁 문제와 관련해 "은행에 중대한 결함은 없다"고 했다. 그러나 은행 내부 조사에서 이미 문제점이 드러난 상태였다. 주주와 금융 당국에 거짓말을 한 것이다. 특히 러시아와 구소련 국가 등 자금 세탁 고위험 지역에서 유입된 자금이 에스토니아 지사를 거쳐 전 세계로 송금된 점이 문제가 됐다. 이 돈은 부동산 투자, 사치품 구매 등에 사용됐고, 일부는 범죄 조직으로 흘러 들어간 정황도 나왔다. 2020년 스웨덴 금융감독원은 스웨드뱅크에 3억 6000만 유로의 벌금을 부과했고, 검찰은 보네센을 기소했다.

비슷한 시기인 2024년 7월에는 북유럽 최대 은행인 노르디아(Nordea) 은행이 덴마크 자금 세탁 방지 법률 위반 혐의로 기소됐다. 러시아 고객들과 엮여 있는 38억 유로(5조 6000억 원) 상당의 의심스러운 자금 거래를 충분히 조사하지 않은 혐의다. 은행은 제재 위반에 대비해 9500만 유로(1400억 원)의 충당금을 쌓아 놨지만, 현지 언론은 벌금이 9억 유로(1조 3000억 원)에 달할 수 있다고 보도하기도 했다. 노르디아는 사건이 일어난 2012년부터 2015년 사이의 법률에 맞춰 충당금을 준비했지만, 덴마크 검찰은 최근 강화된 법률에 따라 벌금을 산정하고 있는 것으로 알려졌다.

엎친 데 덮친 격으로 최근 노르디아 은행은 미국 뉴욕 규제 당국과 합의해 자금 세탁 방지 문제로 3500만 달러(470억 원)의 벌금을 내기로 했다. 합의 명령서에 따르면 노르디아는 덴마크 전체 지점뿐만 아니라 라트비아, 리투아니아, 에스토니아의 전 지점, 그리고 관련 은행과 고객과의 관계에서 자금 세탁 방지 절차와 관련해 '자신의 부족함'을 인정했다.

최근 유럽에서는 자금 세탁 방지 규정을 지키지 못하면 은행 영업이 정지되는 사례가 늘고 있다. 2024년

8월 유럽중앙은행(ECB)은 방크 하빌랜드(BANQUE Havilland)라는 룩셈부르크 기반의 프라이빗 뱅킹 은행의 면허를 취소했다. 자금 세탁 방지 규정을 반복적으로 위반했기 때문이다. 하빌랜드 은행은 2018년에 룩셈부르크 금융 당국으로부터 자금 세탁 문제로 400만 유로의 벌금을 받았지만, 규제 당국의 지적 사항을 제대로 이행하지 않은 것으로 알려졌다. 이 은행의 직원들은 대규모 현금 거래와 자금 세탁 방지 실패 문제로 모나코에서도 재판을 받고 있다. 이 은행은 영국의 부유한 가문 중 하나인 로랜드(Rowland) 가문이 소유한 은행이다.

"현금 결제 한도는 1만 유로입니다"

유럽에서는 자금 세탁 방지를 위해 1만 유로(1460만 원) 이상은 현금 결제도 못하게 된다. EU는 2024년 7월부터 이 같은 내용의 자금 세탁 방지 규정을 시행했다. 이 규정은 2024년 4월에 유럽 의회에서 승인됐다. 각국은 2027년까지 이 규정을 도입해야 한다. 이탈리아는 이미 현금 결제 한도를 5000유로로 낮춰 시행 중이다. 그 이상의 결제는 반드시 계좌

이체나 수표로만 가능하다.

이 조치로 현금의 가장 큰 장점인 익명성도 크게 줄어들게 됐다. 일부 회원국은 1만 유로보다 더 낮은 상한선을 설정하고 있어 현금을 이용한 자금 세탁은 더 어려워질 전망이다.

금, 보석 등 고가 물품을 통한 자금 세탁도 어려워진다. 1만 유로 이상의 고가품을 거래할 땐 고객 검사를 요구하고, 자동차, 요트, 항공기 등의 판매도 금융 당국에 자동 보고된다. 심지어 축구 구단의 선수 이적, 투자, 후원 등의 거래 때도 자금 출처를 검사받게 된다.

자금 세탁 방지 규정은 유럽의 실생활에 큰 영향을 미칠 수밖에 없다. 가장 큰 영향이 부동산이다. 새 규정에 따르면 EU 내 부동산을 소유한 외국 기업과 신탁은 실소유자를 등록해야 한다. 회원국은 필요에 따라 이 규정을 소급 적용할 수도 있다. 앞으로 부동산을 통한 자금 세탁은 더욱 어려워질 것으로 보인다.

자금 세탁 방지를 위한 규제가 강화되면서 관련 벌금도 크게 늘고 있다. 2023년 스페인 금융 기관들이 받은 자금 세탁 방지 관련 벌금은 총 5700만 유로였다. 이전 최고 기록인 2019년의 2750만 유로를 두 배 이상 넘어섰다. 특히

2022년에는 300만 유로에 그쳤던 벌금이 1년 만에 19배나 늘어났다.

스페인 자금 세탁 방지 기구인 셉블락(SEPBLAC)은 2023년에 29개 금융 기관을 조사했다. 이전의 무작위 조사 70개보다 줄어든 수치이지만, 벌금 액수는 크게 늘었다. 스페인 정부는 구체적인 벌금 대상과 이유는 공개하지 않았다. 다만 고객 신분을 제대로 확인하지 않고 거액의 현금을 거래하거나, 자금 세탁에 관련된 고객에 대한 특별 검사를 하지 않은 경우가 많은 것으로 알려졌다.

자금 세탁 방지가 이슈로 떠오르면서 관련 비용은 치솟고 있지만, 인력 확보는 어려운 상황이다. 유럽 금융 중심지 중 하나인 룩셈부르크에서는 자금 세탁 방지 규정 준수를 위한 비용이 2015년부터 2020년 사이에 매년 16퍼센트씩 증가했다. 이렇게 투자를 하고 있지만, 룩셈부르크 금융 기관을 대상으로 한 설문 조사에서 44퍼센트가 자금 세탁 방지를 위한 숙련된 직원을 채용하는 데 어려움을 겪고 있다고 답했다.

이런 문제에 대응해 EU는 공동의 자금 세탁 방지 기구인 AMLA(Authority for Anti-Money Laundering and Countering the Financing of Terrorism)를 2024년 6월

독일 프랑크푸르트에 설립해 운영에 들어갔다. 2021년
EU 집행위원회의 제안으로 설립이 논의돼 2024년에 공식
승인을 받았다. AMLA는 유럽 전체에 적용되는 자금 세탁
방지 규정을 만들고 각국의 정보를 공유하는 체계를 구축할
예정이다. 2028년부터는 EU 내 모든 자금 세탁 감독 업무를
맡는다.

캐나다 TD은행의 재앙

2024년에 자금 세탁 문제로 가장 곤경에 처한 은행이라면
캐나다 2위 은행인 TD은행을 들 수 있다. 미국 지점의
직원들이 뇌물을 받고 대규모 자금 세탁에 가담한 사실이
드러나면서 자금 세탁 관련 역사상 최고액인 30억 달러(4조
원)의 벌금을 맞았다. 결국 버티던 은행장도 교체하기로 했다.
미국 규제 당국은 인수 합병과 자산 확대도 금지했다.

미 법무부 등 규제 당국은 2024년 10월 TD은행과
자금 세탁 방지 실패와 관련해 30억 9000만 달러 규모의
합의를 봤다고 발표했다. TD은행은 여러 해에 걸쳐 자금 세탁
방지 프로그램의 부실로 인해 조직적 자금 세탁이 발생한

점을 인정했다. 이로써 TD은행은 미국 역사상 가장 큰 규모의 자금 세탁 혐의로 유죄를 인정한 은행으로 기록됐다.

미 법무부는 최소 세 개의 범죄 조직이 수년에 걸쳐 TD은행 계좌를 통해 총 6억 7000만 달러를 세탁했다고 밝혔다. 그러면서 "TD은행은 자금 세탁 조직이 가장 선호하는 은행이었다"고 했다.

한 남성은 TD은행 지점을 이용해 4억 7000만 달러 이상의 마약 자금과 기타 불법 자금을 이동시키면서 직원들에게 5만 7000달러 상당의 선물을 뇌물로 제공했다. 이 남성은 TD은행이 "가장 느슨한 정책"을 갖고 있어서 이 은행을 선택했다고 말했다. 하루에 100만 달러 이상의 현금을 입금하고, 이후 수표나 전신 송금으로 자금을 다른 곳으로 옮겼는데도 제지가 없었다. 미국 검찰에 따르면 은행 카운터에는 현금이 쌓여 있었고, ATM 인출액이 1일 한도보다 40~50배에 달하는 경우도 있었지만 은행 직원 누구도 막지 않았다.

또한 직원 5명이 범죄 조직과 협력해 계좌를 개설하고 콜롬비아로 마약 수익금을 포함해 3900만 달러를 세탁하기도 했다. 같은 베네수엘라 여권으로 여러 계좌가 개설돼 있었지만, TD은행은 직원이 체포될 때까지 이를 알아차리지 못했다. 이 외에도 다른 자금 세탁 조직이 최소 5개의 유령 회사 계좌를 통해 1억 달러가 넘는 불법 자금을 이동시켰지만, TD은행은 법 집행 기관의 통보를 받을 때까지 의심 거래 보고서도 제출하지 않았다.

이날 발표에는 메릭 갈랜드 미 법무부 장관이 직접 나왔다. 그만큼 사안을 심각하게 보고 있다는 의미다. 특히 갈랜드 장관이 강조한 것은 역대 최대의 벌금액도, TD은행의 유죄 인정도 아니었다. 갈랜드 장관은 은행 직원들의 이메일과 메모를 쭉 읽었다. 은행의 문화 자체가 잘못됐다는 것이다.

갈랜드 장관이 발표한 첫 번째 사례에서 한 고객이 100만 달러를 현금으로 입금하고, 같은 날 그 돈을 수표로 인출하는 의심스러운 거래를 했지만, 은행 직원들은 동료들과 "하하!(LOL·Laugh Out Loud, 크게 웃음)"라고 비웃는 메시지를 주고받았다.

또 다른 이메일에서 TD은행의 감사팀 직원이 "악당들이 우리 은행을 어떻게 생각할까?"라고 질문하자, 한 직원은 "하하(LOL). 쉬운 표적이지"라고 했다. 이들은 TD은행이 자금 세탁의 '쉬운 표적'이 됐다는 것을 알면서도 이를 심각하게 여기지 않았다.

TD은행 직원들은 여러 차례 자금 세탁과 관련한 상황을 농담거리로 삼고, 의심스러운 거래에 대한 신고 의무를 소홀히 했다. 이런 안일한 분위기가 은행 전체에 만연해 있었다.

TD은행은 캐나다에 본점을 두고 있지만, '미국에서 가장 편리한 은행(America's Most Convenient Bank)'이라는 슬로건으로 미국에 캐나다보다 많은 1150개 지점을 구축했다. 지난 20년간 가장 빠르게 성장하는 은행 중 하나였지만 이번 자금 세탁 방지 실패로 상당 기간 성장은 불가능해졌다. 미 규제 당국이 TD은행의 미국 소매 자산을 9월 말 기준 4340억 달러로 동결하면서 TD은행의 성장 자체를 막아 버렸기 때문이다.

이 사건은 TD은행의 경영진도 흔들었다. 2024년 7월 TD은행의 최고 준법 책임자가 회사를 떠났다. 이게 전부가 아니다. TD은행은 자금 세탁 방지 훈련 프로그램에 5억 달러(6500억 원) 이상을 투자하고 수백 명의 자금 세탁 방지 전문가를 채용했다. 씨티은행 등에서 자금 세탁 방지 경력을 쌓은 전문가들도 대거 영입했다. 인력 보강과 임원진 교체에도 상황은 나아지지 않았다. 결국 은행장도 퇴진을 발표했다.

자금 세탁 방지 문제로 골머리를 앓는 것은 미국뿐 아니라 유럽과 아시아 전역도 마찬가지다. 대형 은행도 예외는 아니다. 룩셈부르크의 금융 감독 당국은 2024년 7월 BNP파리바의 룩셈부르크 자회사인 BGL BNP파리바에 대해 자금 세탁 방지 및 테러 자금 조달 방지 의무를 준수하지 않은 이유로 300만 유로의 벌금을 부과했다. 이 은행은 부자 고객들에 대한 자금 출처 조사를 제대로 하지 않았고, 자금 세탁 모니터링에서도 의심 거래를 잡아내지 못했다. 또 자금 세탁 위험성이 있는 고객의 자산 이전을 당국에 보고하지 않아 문제가 됐다.

홍콩 금융 당국도 2024년 7월 싱가포르 DBS은행에 자금 세탁 방지 규정 위반으로 130만 달러의 벌금을 부과했다. 2012년 4월부터 2019년 4월까지 자금 세탁 고위험 고객 15명의 자산과 자금 출처를 확인하는 '합리적인' 조치를 취하지 않았다는 이유였다.

"증거가 없어도 기소한다"

전 세계 금융 중심지들도 자금 세탁 문제 해결에 안간힘을 쓰고 있다. 자금 세탁 규모가 커지고 범죄 조직들이 글로벌 네트워크를 통한 자금 세탁을 하면서 처벌 수위를 크게 끌어올리고 있다.

특히 싱가포르가 적극적이다. 2023년 중국인과 필리핀인 등으로 이뤄진 범죄 조직이 온라인 도박 사이트 등으로 얻은 불법 자금 22억 달러를 싱가포르에서 세탁한 것이 직접적인 계기가 됐다. 주요 피고인 중 한 명인 수 웬창은 2024년 4월에 유죄를 인정하고 13개월의 징역형을 선고받았다. 수 웬창을 포함한 10여 명의 피고인들은 고급 부동산, 차량, 금괴, 명품 핸드백, 보석 등을 통해 자금을 세탁했다.

두 달 뒤인 2024년 6월 싱가포르는 자금 세탁 사건의 기소를 더 쉽게 하기 위한 법안을 만들었다. 이전까지는 전체 자금 흐름을 확인해야 기소할 수 있었는데, 앞으로는 범죄 행위와 세탁된 자금 사이의 직접적인 연계를 증명하지 못해도 자금 세탁자가 범죄 수익을 다루고 있다는 합리적 근거가 있으면 기소할 수 있도록 했다. 한마디로 상당한 의심이 가면 바로 기소해 자금 세탁의 가능성을 뿌리 뽑겠다는 것이다.

새 법안은 해외 환경 범죄와 연계된 자금 세탁 조사도 가능하게 했다. 이전까지는 불법 광산 채굴, 불법 폐기물

거래, 불법 벌목 같은 환경 범죄가 싱가포르 법에 따라 심각한 범죄로 다뤄지지 않기 때문에 조사할 수 없었다.

또 해외로 도피한 용의자와 연관된 자산과 압류한 자산을 처리하는 것을 더 쉽게 만들었다. 구체적으로 범죄 활동과 관련된 압류 자산을 판매할 때 당사자의 동의를 받을 필요가 없도록 했다. 과거엔 당사자의 동의가 필요해서 압류 자산을 제대로 매각할 수 없었다. 물론 압류 재산의 매각은 자산 가치가 하락할 가능성이 있거나 유지 비용이 과도할 경우, 그리고 판매가 정의에 부합하는 경우에 가능하다.

이번 조치에 따라 앞으로 싱가포르와 금융 거래를 할 때는 더 많은 증명을 요구받게 될 전망이다. 실제로 중소기업이 싱가포르에 계좌를 만들려면 대표가 직접 가서 '면접'을 봐야 하는 경우도 생기고 있다. 페이퍼 컴퍼니 혹은 다국적 합작 회사의 경우 싱가포르 계좌 개설이 더 어려워질 수밖에 없는 상황이 됐다. 싱가포르는 자금 세탁의 온상이 될 수 있는 카지노 규제도 강화했다. 카지노 운영자에게 1만 싱가포르 달러(1000만 원) 이상의 현금 거래에 대해 실사를 의무화했다.

초부유층의 자산 관리를 해주는 패밀리 오피스에도 자금 출처 감사 요건이 강화됐다. 싱가포르는 2019년 홍콩

민주화 시위 이후 중화권 부호를 대거 유치했다. 미·중 갈등과 시진핑 주석의 '공동 부유' 정책으로 중국 본토를 탈출하는 부유층을 노린 것이었다. 싱가포르 정부는 부유층 유치를 위해 상속세, 법인세, 배당소득세 등 핵심 세금을 100퍼센트 면제받을 수 있는 정책을 내놓기도 했다. 또 싱가포르는 다양한 무역 관세 협정 등을 맺고 있어 관세 부담도 적다.

그 결과 아시아 내 패밀리 오피스 중 절반 이상이 싱가포르에 있는 것으로 추산된다. 2023년 로렌스 웡 당시 재무장관은 싱가포르의 패밀리 오피스가 1400개라고 밝히기도 했다. 구글 공동 창업자 세르게이 브린도 싱가포르에 패밀리 오피스를 차렸다.

이런 상황에서 싱가포르 정부는 최근 패밀리 오피스에 "세금 혜택을 받으려면 자금 출처를 밝히라"는 규정을 만들었다. 통상 패밀리 오피스를 이용할 정도의 자산가는 자신의 재산을 샅샅이 조사하는 것을 꺼리지만, 싱가포르는 자금 세탁 방지 제도를 갖추는 것이 우선이라고 판단한 것이다.

싱가포르 통화청(MAS)은 2024년 10월부터 패밀리 오피스가 새로운 세제 혜택을 받기 위한 신청서를 제출할 때, 통화청이 승인한 스크리닝 업체가 작성한 보고서를 함께

제출하도록 했다. 통화청의 승인을 받은 업체 목록에는
KPMG 등 유명 회계 법인이 포함된다. 이 회계 법인이 세제
혜택 신청자와 그들의 직계 가족, 관련 단체를 대상으로
자금 세탁이나 테러 자금 조달 활동, 기타 심각한 범죄와의
연관성을 조사하게 된다. 스크리닝 절차 완료에 약 2주가 걸릴
정도로 꼼꼼하게 검사하는 것으로 알려졌다.

　　　싱가포르 은행들은 부유한 고객에 대한 검사도
강화하고 있다. 싱가포르의 씨티은행은 영어를 하지
못하는 중국인 고객이 돈만 내면 시민권을 살 수 있는 터키,
세인트키츠 네비스 등의 여권으로 금융 활동을 시도할 경우,
'자금 세탁으로 의심할 것' 등의 경고 신호를 작성해 직원을
교육하고 있다. 이는 돈세탁의 전형적인 징후로, 범죄자가
다른 나라의 시민권을 취득해 자신의 정체를 숨기고 자금을
이동하기 위해 사용하는 방법이다.

　　　싱가포르는 자금 세탁 조직에 계좌를 넘겨주는 등
조력자에 대한 처벌도 강화했다. 싱가포르의 양형 위원회
격인 양형자문패널은 금융 사기나 돈세탁을 돕는 자금
운반책에 대해 최소 6개월 이상의 징역형을 선고할 것을
권고했다. 또 고의로 자금 세탁범에게 계좌를 넘겨주면 최소
12개월 이상의 징역형을 받도록 했다. 패널은 피해자 중에

노인이나 정신적 장애로 인한 사람이 연루됐을 경우 형량을 25퍼센트 이상 높일 것을 권고하기도 했다. 싱가포르 특유의 엄벌을 통해 자금 세탁과 금융 사기를 뿌리 뽑겠다는 것이다.

두바이와 모나코의 범죄 금융

중동의 금융 허브인 아랍에미리트의 발등에 불이 떨어졌다. 국제자금세탁방지기구(FATF)는 2020년에 아랍에미리트에 범죄 금융 흐름을 차단할 것을 요구했지만, 개선책이 제대로 나오지 않자 아랍에미리트를 요주의 명단인 '그레이 리스트'에 올렸다. 그레이 리스트에 올라가면 세계적인 금융 기관도 두바이를 포함한 아랍에미리트에서 적극적인 영업을 하기 힘들다. 이후 아랍에미리트는 각종 새로운 자금 세탁 방지 제도를 만들었고, 2024년 2월 국제자금세탁방지기구가 "상당한 진전이 있었다"며 리스트에 제외했다.

그러나 그 직후 탐사 보도 단체 OCCRP와 여러 매체가 '두바이 언락드(Dubai Unlocked)' 프로젝트를 통해 두바이의 부동산 시장에서 범죄자, 도망자, 제재 대상자들이 소유한 자산을 폭로하면서 상황이 바뀌었다. 이로 인해 유럽

등에서 국제자금세탁방지기구의 결정을 재검토해야 한다는
주장이 나오고 있다.

특히 두바이의 부동산 중개인들은 고객에게 현금
결제를 권장하고, 자금 출처를 제대로 확인하지 않는 것으로
나타났다. 이는 국제자금세탁방지기구의 자금 세탁 방지
기준에 어긋난다. 아프리카에서 밀수된 금도 두바이로 유입돼
내전 자금으로 사용되고 있다는 것이 이번 보도를 통해
드러났다. 특히 수단 같은 내전 국가가 전쟁 자금을 마련하기
위해 두바이에서 금을 거래하고 있었다.

이 과정에서 아랍에미리트 당국의 부실 대응이
도마에 올랐다. 대부분의 사례는 아랍에미리트 당국이 접근할
수 있는 자료에 기반하고 있었는데도 당국은 기자들이
폭로하기 전까지 별다른 조치를 취하지 않았다.

상황이 악화하자 아랍에미리트는 잇따라 대책을
발표하며 국제 여론 달래기에 나섰다. 재차 '그레이 리스트'에
올랐다가는 복잡한 국제 정세 속에 자칫 중동의 금융 허브
자리를 위협받을 수 있기 때문이다. 2024년 8월 아랍에미리트
정부는 자금 세탁 방지를 강화하기 위해 정부 내에 두
개의 새로운 자금 세탁 방지 위원회를 설립할 예정이라고
발표했다. 중동의 자금 세탁 창구라는 오명을 벗고, 중동의

금융 허브 지위를 유지하기 위한 적극적인 조치에 나선
것이다.

아랍에미리트 정부는 연방 법령을 통해 국가의 자금
세탁 방지법의 주요 조항을 수정했다. 이를 통해 '자금 세탁 및
테러 자금 조달 및 불법 조직 자금 조달 방지 국가 위원회'와
'자금 세탁 및 테러 자금 조달 방지를 위한 국가 전략 감독
최고 위원회'라는 두 개의 새로운 자금 세탁 방지 기관을
설립할 계획이다.

국가 위원회는 자금 세탁 방지 전략을 실행하고,
최고 위원회는 새로운 조치들이 실제로 얼마나 잘 작동하는지
평가하는 역할을 한다. 연방 법령은 또 자금 세탁 방지와
관련된 아랍에미리트의 다른 규제 기관들에 추가적인 권한을
부여할 수 있도록 했다.

아랍에미리트는 2024년 8월 초에도 한 은행에
대해 자금 세탁 방지 규정을 위반했다는 이유로 580만
디르함(160만 달러)의 벌금을 부과했다. 이어서는 자금 세탁
방지 규정 위반을 이유로 32개 금 매매상의 운영을 일시
중지시키기도 했다.

자금 세탁 문제로 골머리를 썩는 곳이 또 있다.
2024년 6월 국제자금세탁방지기구는 유럽의 최고 부국

중 하나인 모나코를 그레이 리스트에 올렸다. 이렇게 되면 모나코를 오가는 자금은 자금 세탁 방지에 결함이 있는 것으로 간주돼 감시가 강화된다.

유럽 의회는 2024년 초부터 모나코에 자금 세탁 문제를 제기했다. 모나코는 소득세가 없어 세계 부유층의 자금 도피처로 여겨져 온 만큼 이를 계속 두고 볼 수 없다는 것이다. 모나코는 유럽의 소국이지만, 수많은 백만장자와 억만장자가 살고 있어 호화로운 주택과 카지노로 유명하다. 모나코의 금융 산업은 고급 은행, 금융 서비스, 카지노, 부동산 시장을 포함해 매우 크고 중요한 산업으로 전체 GDP의 44퍼센트를 차지한다.

국제자금세탁방지기구는 모나코가 해외에서 저지른 사기 행위로부터 자금 세탁을 막기 위한 충분한 노력을 기울이지 않았고, 범죄 자산 압류에 적극적인 조치를 하지 않았다고 판단했다. 또한, 자금 세탁 처벌이 불충분하고 조사관들의 자원도 부족하다고 평가했다. 모나코 인구는 3만여 명에 불과해 전문가를 충분히 확보하기에는 한계가 있다. 그러나 자금세탁방지기구는 외국 전문가에 의존하는 것은 부적절하다고 본다. 금융업을 하려면 무조건 적정한 자금 세탁 방지 인력을 양성하고 고용해야 한다는 것이다.

자금 세탁으로 가장 딜레마에 빠진 나라 중 하나가 영국이다. 미국 이외에 가장 큰 세계 금융 중심지이지만, 그만큼 자금 세탁에도 취약하다. 특히 카리브해에 위치한 버진 아일랜드 등 영국의 속령들은 조세 피난처로 불법 자금을 끊임없이 빨아들이고 있다. 영국의 속령들은 영국의 지원을 받지 않는 대신 본인들이 별도 제도를 만들어 운영한다.

2024년 5월 당시 영국 외무부 부장관이었던 앤드류 미첼은 "세계 돈세탁의 40퍼센트가 런던과 영국 왕실 속령에서 일어나고 있다"고 했다. 이는 주로 아프리카 등에서 부패한 기업인, 정치인, 군벌 등에 의해 수탈된 돈이다. 미첼은 이러한 왕실 속령들이 영국 법률을 준수하는 데 충분한 조치를 취하지 않았다고 지적했다. 그는 "이들 해외 영토와 왕실 속령들이 우리 국왕과 국기를 원한다면, 우리 가치를 받아들여야 한다"고 경고했다.

영국 국가범죄청 산하 국가경제범죄센터(NECC)는 2024년 9월 보고서를 발행하고 영국 내에서 매년 120억 파운드(20조 원)의 범죄 수익이 발생하고, 이 중 상당 부분이 자금 세탁이 된다고 추정했다. 영국을 통해 세탁되는 자금은

이보다 9배 많은 1000억 파운드(170조 원)에 달할 것으로
봤다.

　　　국가경제범죄센터의 제임스 바비지 국장은 "엄청난
자금 세탁 규모가 영국의 국제적 명성을 위협한다"면서
"우리는 범죄 수익 1000억 파운드가 영국 내부나 영국을 통해,
또는 영국에 등록된 기업 구조를 사용해 세탁된다고 추정하고
있다"고 했다.

　　　이 보고서는 영국이 자금 세탁 창구로 지목돼 국제적
압력을 받는 가운데 나왔다. 영국이 2024년 7월에 보수당에서
노동당으로 정권이 교체된 것을 감안하면 영국은 정권과
관계없이 자금 세탁 문제를 심각하게 바라보고 있다는 것을
알 수 있다.

　　　실제로 영국 노동당의 총선 공약 중 하나가 '글로벌
자금 세탁 법원' 설립이다. 노동당은 금융 범죄와 관련된 법
집행과 기소를 강화하고, 더 강력한 규제를 도입하겠다고
공약했다. 이를 통해 기업 투명성을 높이고, 복잡한 회사
구조를 이용한 익명성을 막겠다는 것이다. 자금 세탁 방지를
위한 국제 정상 회담을 소집해 글로벌 개혁 합의도 이끌어
내겠다고 공약하기도 했다. 여기에다 금융 제재 위반에
대한 단속을 강화하고, 금융 범죄를 도운 개인과 기관에

대한 처벌도 강화할 계획이다. 내부 고발자에게 보상을 크게 높이는 방안도 검토하고 있다.

영국의 금융감독청(FCA)도 인원을 대폭 늘렸다. 금융감독청은 2024년 9월 발행한 2023~2024년 연례 보고서에서 형사 고발을 크게 늘리고, 금융 서비스 기업에 대한 허가를 대폭 취소했다고 밝혔다. 또 자금 세탁 등에 대응하기 위해 인원도 1년 만에 1000명을 더 늘려 5000명이 됐다. 금융감독청이 한꺼번에 1000명의 직원을 늘린 것은 자금 세탁 방지와 컴플라이언스의 중요성을 보여 준다.

영국 사법 기관도 자금 세탁 탐지와 수사에 전례 없는 수단을 동원하고 있다. 바클레이즈, 냇웨스트, 로이즈를 포함한 7개의 영국 은행은 2024년 5월부터 국가범죄청과 협력해 자금 세탁 및 불법 자금 문제를 해결하기 위한 세계 최대 규모의 고객 데이터 공유 프로젝트를 시작했다. 프로젝트를 시작하자마자 금융 시스템을 악용하는 8개의 새로운 범죄 조직을 발견했다.

이 프로젝트는 러시아의 우크라이나 침공 이후, 경제 범죄 대응 강화의 일환으로 이뤄졌다. 고객의 데이터를 경찰과 공유하는 것은 개인 정보 보호 논란이 있을 수 있다. 이에 은행 변호사들까지 함께 데이터 공유가 법적으로 수용 가능한지를 따져보고 작업에 나선 것으로 알려졌다. 국가범죄청에 파견된 은행 직원들은 정보 요원, 데이터 과학자, 데이터 분석가 등과 함께 15~20명씩 팀을 구성하고 있다고 한다.

우크라이나 전쟁 이후 러시아의 대규모 자금이 영국령 버진 아일랜드에서 세탁되고 있는 정황이 곳곳에서 드러났다. 버진 아일랜드는 키프로스에 이어 러시아 자금이 가장 선호하는 자금 세탁 창구로 알려졌다.

국제탐사저널리스트연맹(ICIJ)은 돈세탁 가능성을 우려하는 은행들이 보고한 사례 5건 중 1건에 버진 아일랜드가 등장했다고 밝혔다. 버진 아일랜드에 등록된 기업들의 자산은 1조 5000억 달러에 달하지만, 버진 아일랜드의 GDP는 연간 10억 달러를 넘는 수준에 불과하다. 버진 아일랜드가 전 세계 부패 자금의 온상이 되고 있다는 뜻이다.

영국이 방조하고 있었던 탓이 크다. 영국 법에는 속주가 어려울 때 본국이 자금을 지원하게 돼 있다. 그러나 영국 정부는 실제로 그럴 여력이 안 된다. 이런 까닭에 버진 아일랜드 등의 속주는 낮은 세율과 자금 세탁을 돕는 방법으로 수입을 마련해 왔다.

게다가 버진 아일랜드 자체의 부패도 심각하다.
2020년 7월 버진 아일랜드의 앤드류 파히 수상은 자금 세탁과
부패 문제와 관련해 영국 정부에 편지를 보내 "경쟁자들이
부러워할 만한 투명성을 갖췄고, 국제 표준을 지속해서
준수하고 있다"고 했다.

그로부터 2년도 지나지 않아 파히 수상은
마이애미에서 코카인 밀수 및 자금 세탁 혐의로 미국
마약단속국(DEA)에 체포됐다. 마약단속국 요원들은 멕시코
마약왕 엘 차포가 운영했던 시날로아 카르텔의 일원으로
위장해 파히를 미국으로 유인했고, 파히는 그들에게 버진
아일랜드를 통해 코카인을 밀수하는 것을 허락했다가 체포된
것이다.

중국의 돈세탁 굴기

자금 세탁 문제에서도 중국이 핵심으로 떠오르고 있다.
시진핑 주석의 '공동 부유' 이후 중국 부유층의 자본이
이탈하고 있는 상황을 자금 세탁범들이 파고들고 있다. 또
미국, 캐나다 등은 국가 안보를 이유로 중국인 혹은 중국계의

금융 기관 투자에 민감한 반응을 보이고 있다.

2023년 4월 캐나다의 크리스티아 프리랜드
재무장관은 웰스 원 은행(Wealth One Bank of Canada)의
중국계 주요 주주 3명인 셴린 셴, 모리스 천, 유앙성
오우양에게 은행 지분을 매각하라는 명령을 내렸다. 웰스 원
은행은 중국계 캐나다인을 주요 고객으로 하는 은행인데,
주주들이 중국 공산당의 강요에 취약하고 불법적인 돈세탁에
연루됐을 가능성이 있다는 이유였다.

중국계 주요 주주 3명은 혐의를 부인하며 법적
대응에 나섰다. 이들은 법원에 제출한 문서에서 자신들이
중국과의 지정학적 긴장 고조로 인해 부당하게 표적이 됐다고
주장하면서 은행의 평판과 고객 투자가 위태로워질 수 있다고
했다.

프리랜드 장관은 2022년 12월부터 주요 주주들에게
보낸 서한에서 "중국 공산당과 중국 정부가 웰스 원 은행을
캐나다의 국가 안보에 해로운 목적을 위해 사용할 수 있다"고
우려를 표명했다. 그러면서 중국의 토론토 영사관이 중국계
캐나다인들에게 웰스 원 은행을 이용하도록 권고한 점을
지적하며, 이는 중국 정부의 지시로 해석될 수 있다고 했다.

프리랜드 장관은 또 이 세 사람이 돈세탁에 가담했을

가능성이 있다고 주장했다. 셴린 셴에 대해서는 "적은
금액의 현금 입금을 지속적으로 구조화해 재정 보고 요건을
회피하려는 시도로 의심되는 행위"가 있었다고 했다. 당국에
보고되지 않는 수준의 현금을 계속 입금해 자금 세탁을 하려
했다는 뜻으로 해석된다. 모리스 천은 운영하는 회사가 여러
건의 의심스러운 거래 보고서에 등장했고, 유앙성 오우양은
자신의 슈퍼마켓 직원들의 의심스러운 현금 입금 활동에
연루된 혐의를 받는다.

이들은 자신들의 결백을 주장하기 위해 독립적인
회계 법인을 고용했다. 이 조사에서 프리랜드 장관의 주장을
뒷받침하는 증거를 찾지는 못했다. 그렇지만 프리랜드 장관은
웰스 원 은행에 이들 3명과의 모든 관계를 단절하고, 돈세탁
및 민감한 정보의 무단 공유를 방지하기 위한 보안 조치를
강화할 것을 명령했다. 이에 따라 이들 3명의 주주와 그들과
관련된 모든 사람은 은행의 데이터에 접근이 금지됐고, 은행
시설에 출입할 수도 없게 됐다.

이와 같은 조치로 인해 웰스 원 은행은 본사를
토론토의 셴린 셴 소유 건물에서 토론토 금융 지구로
이전했다. 또 은행은 정기적으로 보안 검사 등을 받아야 하고,
은행의 독립성을 증명하고 보장하는 조치를 취해야 했다.

중국의 자본 통제가 심해지면서 해외의 자금 세탁 네트워크도 발달하고 있다. 또 러시아-우크라이나 전쟁 이후 자본 세탁에 대한 감시와 압박이 높아지면서 불법 조직이 지하에서 활동하는 경우가 늘고 있다.

영국 런던에선 5500만 파운드(974억 원) 이상의 자금을 세탁하고 불법 현금 거래를 주도한 중국 조직이 체포돼 감옥에 갇혔다. 런던 경찰이 3년간 조사한 결과, 중국의 지하 은행을 통한 국제적인 자금 세탁 네트워크가 발견됐고, 이와 관련된 7명이 24년 11개월의 징역형을 선고받았다. 이 조직의 우두머리인 왕치지는 12년형을 선고받았고, 함께 활동한 3명도 여러 자금 세탁 혐의로 법원에서 유죄를 선고받았다.

2022년 12월 런던 경찰은 런던에 거주하는 슈샤오위와 왕인잉의 집을 급습해 옷장에 숨겨 놨던 10만 4000파운드 이상의 현금을 발견했다. 또 황원천의 거주지를 수색하는 동안 형사들은 현금 세는 기계 여러 대와 돈 가방을 발견했다. 경찰은 이들로부터 총 50만 파운드 상당의 자산을 압수했다.

슈와 황은 메시징 앱에서 '하늘에 큰 태양이 있다'라는 사용자로부터 지시를 받았다. 이 사용자는 두 사람에게 한 번에 최대 25만 파운드에 이르는 현금을 수집하도록 지시했다. 경찰은 또한 펭류와 리앙을 관련 혐의로 수사했고, 2023년 6월 그들의 집에서 현금 세는 기계와 1만 4600파운드를 찾아냈다.

이후 경찰은 맨체스터에 거주하는 왕치지가 이 조직의 수장으로 '하늘에 큰 태양이 있다'라는 사용자라는 사실을 확인했다. 2020년 2월부터 2023년 6월까지 거래 내역을 기록한 장부도 발견됐는데, 이 기간에 세탁한 자금이 5500만 파운드가 넘었다.

중국 유학생이 많은 호주도 임시 거주자를 통한 자금 세탁에 촉각을 곤두세우고 있다. 호주는 자금 세탁을 심각한 범죄로 여기고 유죄 판결 시 징역 1년에서 최고 종신형까지 선고할 수 있도록 하고 있다. 호주 금융 당국은 2024년 6월 범죄자들이 국제 유학생과 임시 거주자를 타깃으로 삼아 돈세탁 계좌로 이용하고 있다고 경고했다.

기프트 카드도 돈세탁의 경로가 된다. 2024년 9월 미국토안보부 국토안보수사국은 급증하는 기프트 카드 사기가 중국 조직범죄 그룹의 자금 세탁과 불법 활동 자금 조달에 이용되고 있다고 경고했다. 이를 막기 위해 국토안보수사국은 '프로젝트 레드 훅'이라는 단속 프로그램을 도입했다. 미국

정부는 이 사기가 국가 안보와 공공 안전에 심각한 위협을
준다고 보고 있다.

기프트 카드 사기는 2022년에서 2023년 사이
60퍼센트 증가했고, 2019년부터 2023년까지 미국에서만
10억 달러의 손실을 초래했다. 중국 조직범죄 그룹은 펜타닐
생산, 인신매매, 불법 이주 등 다양한 불법 활동을 위한
자금 세탁에 기프트 카드를 활용한다. 예를 들어 2023년 한
중국인은 오하이오주에서 2260개의 애플, 비자, 마스터카드
기프트 카드를 소지하고 있다가 체포되기도 했다.

이는 단순히 미국만의 문제가 아니다. 기프트 카드
사기로 인한 손실은 전 세계적으로 매년 수억에서 수십억
달러에 달한다. 기프트 카드는 특유의 익명성 때문에 법 집행
기관이 자금 흐름을 추적하기 어려워 단속이 제대로 이뤄지지
않는다.

8장. 제재의 도피처, 암호화폐

제재 회피와 자금 세탁의 모든 길은 이제 암호화폐로 통한다. 국제 금융, 암호화폐, IT를 모르면 테러 조직의 두목조차 될 수 없는 시대가 됐다. 북한이 암호화폐와 돈세탁으로 새로운 자금줄을 찾아냈듯 테러 집단도 마찬가지이다. 러시아는 아예 대놓고 암호화폐를 쓰라고 법까지 만들어 자금 회피에 나섰다.

유엔은 2024년 6월 안보리 결의안 2734호를 통해 ISIL 및 알카에다 제재 전문가 패널과 모니터링 팀의 임무를 36개월 연장해 2027년 5월까지 유지하기로 하면서, ISIL-K의 지도자 샤하브 알-무하지르(본명: 사나울라 가파리)에 관한 내용에 추가 식별 정보를 업데이트했다. 그의 출생일과 여러 별칭, 아버지와 할아버지의 이름 등을 추가했다.

샤하브 알-무하지르는 2020년 6월 ISIL의 지도부에 의해 ISIL-K의 지도자로 임명된 IT 전문가다. 조직의 암호화폐 활용과 소셜 미디어 정보전을 주도했다. 또한, 복잡한 이슬람권의 비공식 자금 이전 시스템인 '하왈라 네트워크'를 통한 자금 세탁도 그의 주요 업무로 알려졌다. 이제 테러 조직의 수장도 무력이 아닌 자금 세탁과 IT 능력에 따라 결정되는 시대가 됐다.

북한의 암호화폐 탈취와 자금 세탁은 하루 이틀의 이야기가 아니다. 북한의 해킹 조직 라자루스(Lazarus)가 훔친 암호화폐 중 15만 달러 이상이 2023년에서 2024년 사이에 캄보디아에서 세탁된 것으로 나타났다. 미국 연방수사국은 2023년 8월 라자루스가 에스토니아 기반의 암호화폐 회사 등에서 1억 6000만 달러를 탈취했다고 밝혔다. 라자루스는 이 돈을 대부분 피싱 공격을 통해 탈취했는데, 일부가 캄보디아 결제 업체로 송금돼 세탁됐다.

캄보디아 결제 업체는 "북한이 여러 단계를 거쳐 거래했기 때문에 우리는 이를 알 수 없었다"는 입장이다. 북한이 세탁한 암호화폐는 해당 사이트를 통해 2023년 6월부터 2024년 2월까지 세탁된 것으로 알려졌다.

이런 상황에서 미국 법원은 제재로 인해 암호화폐의 손실이 발생해도 문제가 없다는 판결을 내렸다. 암호화폐 제재가 일상화하는 가운데, 국가 안보를 위해서는 제재가 정당하다는 것이다.

미국 델라웨어 지방 파산 법원은 암호화폐 거래소가 이란인의 계좌를 동결한 것이 미국의 이란 제재에 따라 합법적이라는 판결을 내렸다. 이란인이 소유했던 암호화폐는 한때 1000만 달러가 넘었지만, 계좌 동결이 풀린 후에는 27만 3000달러만 남아 있었다. 그러나 법원은 이란인의 손실에 거래소의 책임은 없다고 판단했다.

2017년 6월 이란인 미스터 가데르는 미국 암호화폐 거래소 비트렉스(Bittrex)에 계좌를 개설하고 100만 달러 이상의 암호화폐를 입금했다. 비트렉스는 고객이 제재 대상 리스트에 있는지만 확인했을 뿐, 이란과 같은 제재 국가에 거주하는지 여부는 확인하지 않았다.

2017년 10월 미국 재무부 해외자산통제국은 비트렉스에 이란 거주자와의 관계에 대한 정보를 제공하도록 요구하는 소환장을 발부했다. 이에 따라 비트렉스는 가데르의 계좌를 동결했다. 이 계좌는 2023년 7월까지 동결된 상태로 있었으며, 가데르가 자신이 실제로는 터키에 거주하고 있음을 입증한 후 99퍼센트의 자산(당시 27만 3000달러)을 출금할 수 있었다. 나머지 4000달러는 나중에 출금했다.

그러나 계좌 동결로 인해 2017년 10월부터 2023년 7월 사이 계좌에 있던 암호화폐의 최대 가치(1000만 달러 이상)에 해당하는 금액을 회수하려던 가데르의 주요 청구는 기각됐다. 법원은 계좌 동결이 미국의 이란 제재에 따라 허용된 조치라며 청구를 기각했다.

글로벌 자금 세탁 조직과 범죄 단체들은 '고스트(Ghost)'라는 암호화된 통신 플랫폼을 사용하는 것으로 알려졌다. 고스트는 추적이 불가능하도록 암호화돼 있어 범죄 조직들의 주요 통신 수단이 됐다. 급기야 유럽, 미국, 호주, 캐나다 등이 연합해 글로벌 단속에 나서는 상황까지 왔다.

2024년 9월 유로폴이 고스트를 수사한 결과, 호주, 아일랜드, 이탈리아 등에서 51명이 체포됐다. 이번 작전에는 유럽뿐 아니라 미국, 호주, 캐나다 등 전 세계 9개국이 참여했다. 수사 결과 고스트를 만든 개발자는 한국계 호주인이었다. 이탈리아에서 체포된 인물은 사크라 코로나 유니타(Sacra Corona Unita) 마피아 그룹 소속인 것으로 알려졌다. 아일랜드에선 1520만 유로 상당의 코카인과 42개의 암호화된 고스트 전용 통신 장치가 압수됐다.

"돈도 몰리고 제재도 몰린다"

암호화폐에 대한 제재와 규제는 날이 갈수록 강화되고 있다. 암호화폐를 인정하고 투자 수단으로 활용하는 움직임과

별개로, 제재와 규제는 더욱 강력해지고 있다.

실제로 미국 규제 당국은 2024년 1월부터 9월까지 암호화폐 기업들로부터 195억 달러(26조 원) 이상의 합의금을 받아 낸 것으로 나타났다. 2019년 이후 현재까지 미국 규제 당국이 암호화폐 기업들로부터 받은 합의금은 320억 달러(43조 원)에 달한다.

2024년에 받은 합의금 대부분은 파산한 암호화폐 거래소 FTX와 관련 트레이딩 회사인 알라메다(Alameda)가 지불한 금액이다. 이들은 미 상품선물거래위원회(CFTC)에 127억 달러를 지급하기로 합의했다. 또한, 권도형 전 테라폼랩스 대표와 테라폼랩스가 45억 달러의 벌금을 내기로 했고, 자금 세탁과 사기 혐의로 기소된 암호화폐 대출 회사 제너시스(Genesis)는 20억 달러의 벌금에 합의했다.

2024년에는 지금까지 총 8건의 합의를 통해 195억 달러의 벌금이 징수됐다. 2023년에도 8건의 합의가 있었지만 총액은 108억 달러였다. 2024년에 벌금 액수가 79퍼센트 증가한 것이다. 2019년 벌금 액수가 2400만 달러였던 것을 감안하면 5년 만에 벌금이 800배 이상 증가했다. 연도별 암호화폐 관련 합의금은 다음과 같다.

2019년: 2400만 달러

2020년: 12억 7000만 달러

2021년: 1억 7000만 달러

2022년: 1억 2900만 달러

2023년: 109억 달러

2024년: 195억 달러

미 법무부는 2024년 7월 암호화폐 거래소 비트멕스(BitMEX)가 자금 세탁 방지 법률을 위반해 미국에서 형사 기소를 당했으며, 자신들의 유죄를 인정했다고 밝혔다. 비트멕스는 이미 2021년에 미국 규제 당국에 1억 달러의 합의금을 지불했지만, 추가적인 재판을 받는 상황이 됐다.

비트멕스는 2014년 설립 이후 2015년에 미국 시장에서 철수했다고 주장했지만, 실제로는 미국 법을 피하기 위해 인도양 섬나라 셰이셸에 등록하고 미국 고객을 대상으로 지속적으로 서비스를 제공했다. 고객 신원 확인과 자금 세탁 방지 프로그램도 갖추지 않았고, 잠재 고객에게 신원 확인을 위해 이메일 주소만 요구하는 경우도 많았다. 한마디로 제재 회피와 자금 세탁의 천국을 만들어 놓은 것이다.

또한, 비트멕스 창업자 중 한 명은 홍콩에서 사업체를 인수해 미국 달러 거래의 통로로 사용하면서 홍콩의 은행에 허위 보고를 했다고 미국 검찰은 밝혔다. 미국의 비트멕스에 대한 처벌은 자금 세탁 문제가 단순히 규제 기관과 합의했다고 끝나는 게 아니라는 것을 보여 준다. 추후 재판에서 벌금이 늘어날 가능성도 있다.

인도의 금융정보부(FIU)도 2024년 6월 세계 최대 암호화폐 거래소인 바이낸스에 현지 자금 세탁 방지 규정을 위반한 혐의로 1억 8820만 루피(225만 달러)의 벌금을 부과했다.

바이낸스에 부과된 벌금은 인도의 자금 세탁 방지법(Prevention of Money Laundering Act·PMLA) 제13조에 따른 것으로, 이 조항은 금융 당국이 규정 위반을 직접 조사하고 처벌을 내릴 수 있도록 한다. 인도 정부는 2023년 12월 바이낸스를 포함한 9개의 해외 암호화폐 거래소에 '사유 설명 통지서(show cause notice)'를 발송해 이들이 현지 법규를 준수하지 않았다고 통보하고, 운영을 정지시켰다.

영국 금융감독청은 2024년 7월 세계 최대 암호화폐 거래소 중 하나인 코인베이스(Coinbase)의 자회사에 350만 파운드(450만 달러)의 벌금을 부과했다고 발표했다. 이 자회사가 '고위험' 고객에게 결제 서비스를 제공해 자금 세탁의 위험을 높였다는 이유에서다. 이 벌금은 암호화폐 거래 지원 회사에 대한 영국 감독 기관의 첫 번째 제재 조치였다.

리투아니아도 2024년 7월 암호화폐 회사 페이어(Payeer)에 자금 세탁 방지 및 국제 사회의 러시아 제재 위반 혐의로 930만 유로의 벌금을 부과했다. 리투아니아 금융범죄수사국(FCIS)이 제재 위반과 관련해 부과한 역대 최대 벌금이다. 페이어는 러시아 고객이 루블을 사용해 EU에서 제재된 러시아 은행으로 송금할 수 있도록 허용한 암호화폐 플랫폼 'Payeer.com'을 운영했다. 또 러시아의 개인과 법인이 암호화폐 지갑, 계좌 관리, 보관 서비스에 접근할 수 있도록 허용했다.

이런 사례들은 암호화폐를 통한 자금 세탁과 제재 위반이 전 세계적으로 점점 더 심각하게 받아들여지고 있다는 증거다. 암호화폐가 이제 규제의 중심으로 들어왔다.

암호화폐 업계에 대한 자금 세탁 방지와 제재 규정 준수
압력이 높아지면서 미국에서는 로비 비용도 폭증하고 있다.

세계 최대 암호화폐 거래소 바이낸스의 CEO
리처드 텡은 2024년 8월 〈블룸버그〉와의 인터뷰에서 현재 약
500명인 준법 감시 인력을 2024년 말까지 40퍼센트 증가한
700명으로 확대할 계획이라고 밝혔다. 텡은 "나는 평생
규제 기관에 몸담아 왔다"고 했다. 실제로 텡은 싱가포르
통화청에서 규제 업무를 담당했고, 아부다비 국제 금융
센터의 규제 기관 대표로 일하기도 했다.

바이낸스의 창립자 자오창펑 전 CEO는 자금 세탁
방지를 막지 못한 책임을 지고 2023년 12월에 자리에서
물러났고, 이후 규제 전문가인 텡이 CEO로 임명됐다.
바이낸스는 미 법무부와 43억 달러의 벌금을 내기로
합의했다. 자오는 유죄를 인정하고 4개월의 징역형과 5000만
달러의 개인 벌금을 선고받아 2024년 9월 형기를 마치고
출소했다. 자오는 바이낸스의 경영에서 손을 뗀 상태이고,
앞으로 회사 운영에 관여하지 않기로 합의했다.

텡은 전 세계 법 집행 기관으로부터 바이낸스에 대한

요청이 증가하고 있으며, 2024년 10월까지 6만 3000건의 요청을 받았다고 밝혔다. 2023년의 5만 8000건을 넘어선 수치이다. 준법 감시와 관련한 지출도 2년 전의 1억 5800만 달러에서 2억 달러를 넘어섰고, 앞으로 더 증가할 예정이라고 설명했다.

암호화폐 업계에 압박이 거세지자 로비 활동도 급증하고 있다. 소셜캐피탈마켓에 따르면 코인베이스의 로비 지출은 2017년 8만 달러에서 2023년 286만 달러로 3475퍼센트 증가했다. 리플랩스는 2017년 5만 달러에서 2023년 94만 달러로 1780퍼센트 증가했다. 바이낸스는 2017년 16만 달러에서 2023년 120만 달러로 656퍼센트 늘었다. 당국이 자금 세탁 우려 등으로 암호화폐와 블록체인에 대한 규제를 강화하고 있어 향후 로비 비용은 더 늘어날 것으로 보인다.

로비 지출이 가장 많은 회사는 아폴로 글로벌 매니지먼트(Apollo Global Management)였는데, 2023년에만 756만 달러를 지출했다. 이 회사는 지난 7년간 총 2870만 달러를 지출하며 가장 큰 로비 투자자로 자리매김했다. 이 회사는 미국의 가장 큰 사모펀드 중 하나로 블록체인 분야에 큰 투자를 하고 있다.

2017년 이후 미국 전체에서 암호화폐 로비 지출은 1386퍼센트 급증했다. 이 중 거의 60퍼센트에 달하는 1억 3191만 달러가 지난 2년 동안 집중적으로 사용됐다.

로비 지출을 늘린 기업들은 최근 몇 년간 규제 위반과 법적 분쟁으로 논란을 일으켰다. 리플은 2020년부터 미국 증권거래위원회(SEC)와 법적 분쟁을 벌이고 있고, 바이낸스도 연방과 주 차원의 여러 규제 문제로 논란에 휩싸여 있다. 코인베이스 역시 플랫폼을 통해 미등록 증권을 제공한 혐의로 증권거래위원회와 법적 다툼을 벌이고 있다.

그러나 암호화폐를 통한 자금 세탁 우려가 워낙 큰 상황이라 실제로 로비가 얼마나 효과가 있을지는 불확실하다. 특히 러시아와 북한이 암호화폐를 적극 활용하고 있어 자금 세탁 방지 규정 강화는 지속될 가능성이 크다.

유럽은 지금 코인 전쟁터

우크라이나 전쟁 이후 유럽에서는 암호화폐 회사들에 대한 단속이 더욱 엄격해지고 있다. 자금 세탁 우려로 인해 신규 암호화폐 회사 등록은 거의 이뤄지지 않고 있고, 유럽 전역에서 암호화폐 ATM에 대한 단속이 강화되고 있다.

영국 금융감독청은 2024년 8월 암호화폐 회사들이 금융 홍보 규정을 준수하고 있는지 평가를 실시했다고 밝혔다. 금융감독청은 이와 관련해 영국에서 등록되지 않은 암호화폐 회사에 1000건 이상의 통지서를 발송한 것으로 알려졌다. 이 규정에는 암호화폐 거래소가 영국에서 운영하고 거주자와 거래하기 위해 금융감독청 라이선스를 취득해야 한다는 요구 사항도 포함됐다. '홍보 규정 준수'를 명분으로 내세웠지만, 실제로는 정부 허가를 받지 않은 회사는 모두 폐쇄하겠다는 뜻이다.

금융감독청의 이번 조치는 영국 소비자를 대상으로 마케팅하는 모든 암호화폐 기업을 대상으로 하는 최초의 전반적인 검사이다. 새로운 지침은 자금 세탁과 테러 자금 조달 방지 규정에 따라 도입된 것으로, 고객의 위험성을 철저히 평가하고, 홍보할 때 오해의 소지가 없어야 하고 위험성도 함께 경고하도록 요구하고 있다. 그러나 상당수의 암호화폐 회사가 이러한 규정을 지키지 못한 것으로 알려졌다.

금융감독청은 보도 자료를 통해 "지침을 준수하지 못하면 우리는 행동할 것(We will act)"이라고 했다. 이에 따라

최근 금융감독청은 등록되지 않은 암호화폐 관련 앱 48개를
영국 앱스토어에서 제거했고, 소셜 미디어와 협력해 불법
암호화폐 콘텐츠를 삭제하고 있다.

　　　　암호화폐에 대한 영국의 의도는 명확하다. 자금
세탁과 제재 회피 문제에 해결책이 없는 한 더는 허가를
내주지 않겠다는 것이다. 암호화폐 전문 매체 〈DL뉴스〉는
2024년 9월 금융감독청이 지난 6개월간 어떤 암호화폐
기업도 승인하지 않았다고 보도했다. 이에 대해 영국 당국은
승인을 신청한 암호화폐 기업 대부분이 자금 세탁 방지
기준을 충족하지 못했다고 밝혔다.

　　　　리시 수낙 전 영국 총리는 2022년 재무장관 재임
시절 영국을 "글로벌 암호 자산 기술 허브로 변모시킬
것"이라고 했지만, 현재 영국의 상황은 완전히 달라졌다.
금융감독청은 더 이상 암호화폐 기업을 승인하고 싶어 하지
않는다.

　　　　영국은 암호화폐 ATM도 적극적으로 단속하고 있다.
금융감독청은 2024년 9월 런던에 거주하며 불법 암호화폐
ATM 네트워크를 운영한 혐의로 올루미데 오순코야를
기소했다. 금융감독청에 따르면 오순코야가 운영한
암호화폐 ATM들은 2021년 12월부터 2023년 9월까지 260만

파운드(340만 달러) 규모의 거래를 처리했다. 금융감독청은 해당 기계들이 규제 기관에 등록되지 않았고, 이는 자금 세탁 방지 규정을 위반한 것이라고 설명했다.

금융감독청의 법 집행 담당 국장은 보도 자료에서 "영국 내에는 합법적인 암호화폐 ATM 운영자가 없다. 암호화폐 ATM을 사용하면 당신의 돈을 직접 범죄자에게 건네는 것"이라고 경고했다. 그러면서 "우리의 메시지는 명확하다. 불법으로 암호화폐 ATM을 운영한다면 우리는 이를 중단시킬 것"이라고 했다.

독일 금융 당국도 2024년 8월 비트코인과 기타 암호화폐를 거래하는 암호화폐 ATM 13대와 현금 25만 유로를 압수했다. 이 암호화폐 ATM은 독일 금융감독청(BaFin)의 허가 없이 운영돼 자금 세탁에 이용된 것으로 알려졌다.

이번 작전은 독일 전역의 35개 장소에서 진행됐다. 독일 금융감독청이 경찰과 중앙은행인 분데스방크(Bundesbank)와 협력해 수행했다. 무허가 암호화폐 ATM 운영자들은 최대 징역 5년의 처벌을 받을 수 있다. 이들은 무허가 ATM을 운영하며 독일 은행법에 따른 신원 확인 절차를 거치지 않은 혐의를 받는다.

독일 연방범죄수사국(BKA)도 2024년 9월 보도 자료를 내고 47개의 암호화폐 거래소를 폐쇄했다고 밝혔다. 연방범죄수사국은 "폐쇄된 거래소 운영자들은 자금 세탁 방지를 위한 고객 신원 확인 규정을 제대로 이행하지 않아 대규모로 범죄 자금의 출처를 숨겼다"면서 폐쇄된 암호화폐 거래소는 자금 세탁과 인터넷 범죄 플랫폼 운영 혐의를 받고 있다고 했다.

독일 정부는 특히 폐쇄된 거래소로부터 확보한 방대한 사용자 및 거래 데이터가 향후 사이버 범죄 수사에 중요한 단서가 될 것이라고 했다. 그리고 폐쇄된 암호화폐 거래소의 웹사이트에 경고 문구를 게시했다. 연방범죄수사국은 경고 문구에서 "이 범죄 거래소 운영자들은 여러분(범죄자)이 절대로 추적되지 않을 것이라고 여러분을 안심시키려 했지만, 그건 공허한 약속이었다. 우리는 그들의 서버를 찾아내고 압수했다"고 했다. 그러면서 덧붙였다. "수사 당국은 여러분의 거래 내역, 등록 데이터, IP 주소까지 모든 데이터를 가지고 있다. 곧 추적이 시작된다. 곧 보자(See you soon)."

핀테크 회사에 대한 규제도 강화되고 있다. 이용 편의성은 높아졌지만, 그만큼 자금 세탁 방지 조치가 제대로 이뤄지지 않고 있기 때문이다.

독일의 핀테크 회사 N26은 2022년에 발생한 의심스러운 자금 세탁 활동을 보고하지 않아 2024년 5월 독일 금융감독청으로부터 920만 유로(1000만 달러)의 벌금을 부과받았다. N26은 2013년에 설립된 독일의 핀테크 회사로, 한국의 토스와 유사하다. 이 회사는 모바일 애플리케이션을 통해 전 세계 24개국에서 800만 명 이상의 고객을 보유하고 있다.

N26은 자금 세탁 방지 절차에 따라 대규모 자금 이체와 관련된 다수의 의심스러운 거래를 적시에 보고해야 했는데, 그러지 않았다. 예를 들어 일부 고객이 고액의 국제 송금을 반복적으로 수행하거나, 새로운 계좌를 개설했지만 이를 제대로 보고하지 않은 것이다. 독일 금융 당국의 제재를 받은 N26은 준법 감시팀과 스크리닝 프로세스 강화에 1억 유로를 투자해 시스템 개선에 나섰다.

독일 금융감독청은 2024년 7월에는 핀테크 기업

솔라리스(Solaris)에 대해서도 자금 세탁 방지 관련 기한을 맞추지 못하면 추가적인 벌금을 부과하겠다고 경고했다. 솔라리스는 독일에서 가장 빠르게 성장하는 핀테크 기업이다. 금융감독청은 솔라리스가 2022년에 경고받은 자금 세탁 방지 관련 문제를 완전히 해결하지 못했다고 했다. 당시 금융 당국은 솔라리스가 자금 세탁 방지와 리스크 관리 분야에서 적절한 사업 조직을 갖추지 못했다고 판단했고, 이를 개선하기 위해 독립 감사를 임명하라고 요구했다.

그러나 솔라리스는 감독 당국의 요구 사항을 맞추지 못했고, 2023년 3월에는 의심 거래 보고서를 늦게 제출해 650만 유로의 벌금을 부과받기도 했다. 금융감독청은 결국 솔라리스의 독립 감사 임기를 연장해 자금 세탁 방지 문제를 철저히 개선하도록 요구했다.

유럽중앙은행도 2024년 7월 핀테크 업체 레볼루트(Revolut)에 금융 범죄 통제를 강화할 것을 촉구했다. 레볼루트는 영국에서 출발한 핀테크 기업이지만, 리투아니아의 은행을 인수해 유럽에 진출했고 현재 4000만 명의 고객을 확보하고 있다. 레볼루트의 유럽 부문은 회사 매출의 40퍼센트를 차지한다.

유럽중앙은행은 레볼루트의 의심 거래 모니터링이

부족하고, 핀테크 회사 특성상 자금 세탁 방지와 관련한 직원들의 전문성이 부족하다고 지적했다. 또 금융 범죄 탐지 및 방지에 필요한 최신 기술과 인프라가 충분하지 않다는 점도 문제로 삼았다.

지적 사항을 개선하기 위해 레볼루트는 금융 범죄 통제 및 자금 세탁 방지팀을 두 배로 늘리고, 새로운 기술과 AI를 도입해 금융 사기 탐지 능력을 강화하고 있다고 밝혔다. 특히 금융 범죄 예방을 위해 전 세계적으로 2500명 이상의 전문가를 고용하기도 했다. 그 이전에도 영국 감독 당국 등의 계속된 지적에 레볼루트는 2023년 10월 보도 자료를 내고 전체 근무 인력의 3분의 1이 자금 세탁 방지 관련 업무를 하고 있다고 발표하기도 했다. 그만큼 자금 세탁 방지가 핀테크 업계의 가장 큰 도전이라는 것이다.

미국에서는 최근 금융 당국이 간편 송금 사기 문제로 대형 은행들에 대한 조사에 들어갔다. 미국 금융소비자보호국(CFPB)은 간편 송금 서비스 젤(Zelle)의 네트워크에서 발생한 고객 자금 처리 관련 사기 논란으로 미국 주요 은행을 조사하고 있다. 이번 조사는 JP모건, 뱅크오브아메리카, 웰스파고 등 대형 은행을 대상으로 한다.

한국의 간편 송금 서비스와 유사한 젤은 JP모건과

뱅크오브아메리카 등 7개 주요 미국 은행이 소유하고 있다. 수신자의 이메일 주소나 전화번호만 있어도 송금할 수 있고, 계좌 간 송금 수수료도 없어 미국 내 가입자가 5000만 명이 넘는다.

그러나 개인 대 개인의 거래여서 송금 후 취소가 불가능하고, 잘못된 거래를 해도 환불이 어렵다는 문제가 있다. 이로 인해 젤을 이용한 사기 피해가 늘어나자 미 의회에서 조사를 요구하기도 했다. 간편 송금 등 기술의 발전으로 사기 및 자금 세탁 수법이 진화하면서, 기술 발전을 지켜보던 당국도 본격적인 규제의 잣대를 대기 시작했다.

심지어 소셜 미디어 틱톡을 이용한 자금 세탁 문제도 나타났다. 호주 의회는 틱톡의 자금 세탁 가능성을 제기하며 자금 세탁 방지 당국(AUSTRAC)에 틱톡을 조사해 달라고 요청했다. 틱톡은 터키에서 처음 자금 세탁 문제가 제기됐고, 이후 아일랜드 규제 당국에 거짓 정보를 제공했다는 의혹을 받고 있다.

틱톡은 아일랜드 규제 당국으로부터 대규모 현금 이동에 대한 질문을 받고는 처음에는 일상적인 업무 관행이라고 주장했다. 그러나 나중에 이 현금 이동이 자금 세탁 및 테러 조직과 연관되어 있음이 밝혀졌다. 틱톡은 사용자가 '디지털 골드' 형태로 선물을 주고받을 수 있는 결제 시스템을 운영하고 있고, 이는 실제 돈으로 환전할 수 있다.

　　　미국 유타주는 여기서 한 발 더 나아갔다. 유타주는 틱톡이 어린 이용자를 성적으로 착취하면서 자금 세탁을 하고 있다고 소송을 제기했다. 핀테크뿐만 아니라 이제 소셜 미디어까지 자금 세탁 문제에서 자유롭지 않다.

9장. 인권, 전선의 확장

한국 사회에서는 미국, 영국, 유럽 등이 중국과 북한의 인권
문제를 제기하는 것을 국가의 전략·전술 차원에서 판단하는
경향이 많다. 물론 그런 경향이 없다고 할 수는 없다.

그러나 서방의 인권 문제 제기를 단순히 전략과
전술적 차원에서만 해석한다면 실수할 가능성이 크다. 인권
문제를 제기하는 것은 그 문제가 해결되기 전까지는 제재를
풀지 않겠다는 의지의 표현이다. 그래서 대부분의 인권 문제
제기는 쉽게 변동 가능한 대통령의 행정 명령이 아니라
의회의 법률로 이뤄진다. 이렇게 되면 단순히 상대국의
지도부가 바뀐다고 인권 제재가 풀리지 않는다. 미국 등
서방의 정치적 합의가 필요하고, 인권 문제가 해결됐다는
사회적 인식이 수반돼야만 제재가 해제될 수 있다.

인권 문제는 미국과 유럽의 역사적 전통과도 관련이
깊다. 대표적인 것이 노예 해방이다. 영국은 1807년에는
노예 무역을, 1833년에는 노예제를 폐지했다. 미국보다
약 30년 앞선 일이다. 영국은 노예제를 완전히 폐지할 때
반대파로부터 '재정적 자살'이란 비난을 받기도 했다. 1833년
영국 정부는 노예를 사들여 해방했다. 이때 쓴 예산은 2000만

파운드로 당시 연간 예산의 40퍼센트였다. 영국 BBC는 "당시 영국 정부가 노예 해방을 위해 너무나 막대한 대출을 했고, 그 돈은 영국 정부가 2015년에야 다 갚았다. 영국 역사상 역대 최대의 정부 구제 금융이었다"고 했다. 영국인들이 수백 년간 돈을 갚을 각오를 하고 노예 해방을 실행한 것이다.

물론 영국의 노예 해방에 대해 경제적인 측면에서 다른 해석도 많다. 그러나 핵심적인 것은 당시 영국 정치인들이 노예 해방을 요구하는 기독교계의 주장을 받아들이고, 이를 도덕적·종교적 의무감에서 실행한 점도 컸다는 점이다.

미국은 남북 전쟁을 통해 노예를 해방했다. 1861년부터 1865년까지 4년의 전쟁은 미국 대륙을 그야말로 피로 물들였다. 당시 전사자는 62만 명으로(북군 36만 명, 남군 26만 명) 지금까지 미군이 참전한 모든 전쟁의 전사자 수를 뛰어넘는다. 남북이 동원한 군인이 210만 명이었다는 점을 감안하면 30퍼센트가 전사한 셈이다.

미국의 노예 해방에 대해서도 공업이 발전한 미국의 북부와 농업으로 먹고사는 남부의 대립으로 해석할 수도 있다. 그러나 노예 해방이라는 도덕적 가치가 중요한 이유 중 하나였다는 사실은 부인할 수 없다. 현대 미국인에게 우리의

〈아리랑〉격인 찬송가 〈어메이징 그레이스(Amzaing Grace, 나 같은 죄인 살리신)〉도 노예 무역과 관련이 많다. 노예 무역을 하던 영국 성공회 신부가 자신의 죄를 회개하며 만든 찬송가이기 때문이다.

그런 의미에서 냉전 이후 미국과 EU 국가들이 공동으로 러시아에 부과한 첫 번째 제재가 2012년 제정된 마그니츠키 인권법(Magnitsky Human Rights Accountability Act)이라는 점은 시사하는 바가 크다. 러시아는 유엔 안보리 상임 이사국이기 때문에 미국과 EU 국가들도 제재하는 것은 웬만하면 피해 왔지만, 인권 문제가 불거지고 여론이 악화하자 안보리 상임 이사국에 대한 제재에 들어간 것이다.

이 법은 러시아의 세무사이자 변호사였던 세르게이 마그니츠키(Sergei Magnitsky)의 이름을 따서 제정됐다. 마그니츠키는 러시아의 다국적 투자 회사인 허미티지 캐피탈(Hermitage Capital)을 대리해 러시아의 대규모 세금 사기 사건을 조사하던 중이었다. 이 과정에서 마그니츠키는 러시아 고위 공무원들이 연루된 2억 3000만 달러에 달하는 세금 환급 사기를 폭로했다.

폭로 이후 오히려 마그니츠키는 2008년 11월 세금 회피와 사기 혐의로 체포된다. 2억 3000만 달러를 돌려받기 위해 가짜 서류를 만드는 등 당국을 속이려 했다는 것이다. 세금 사기 사건을 마그니츠키에게 뒤집어씌우는 전략을 쓴 것이다. 이후 마그니츠키는 구금 상태에서 고문을 받고 방치되다 2009년 11월 사망했다.

마그니츠키의 죽음은 단순한 세금 문제가 아니라 러시아 내에서 체계적으로 자행되는 인권 침해와 부패의 상징적인 사건으로 확대됐다. 이 사건을 계기로 미국 의회와 유럽 인권 단체들은 러시아 내 인권 탄압에 대한 대응을 요구하는 목소리가 높아졌다.

미국 의회는 2012년 마그니츠키법을 통해 이러한 범죄에 가담한 러시아 관료와 관련자들에 대해 비자 발급 금지, 자산 동결 등의 제재를 가하는 법적 근거를 마련했다. 이 법은 처음엔 러시아 부패 인사들만 대상으로 했지만, 트럼프 행정부 때인 2016년 12월 '글로벌 마그니츠키 인권법(Global Magnitsky Human Rights Accountability Act)'이 제정되면서 전 세계로 확장됐다. 트럼프 대통령은 행정 명령 13818호를 발령해 심각한 인권 침해 행위에 직간접적으로 가담한 개인과 단체를 제재할 수 있도록 했다. 특히 그런 행위에 가담하기 위해 '시도한' 개인과 단체도 제재할 수 있도록 했다.

이후 2017년에는 캐나다, 2019년에는 EU,

2020년에는 영국도 글로벌 마그니츠키 인권법과 유사한
내용의 법률을 제정했다. 실제로 2021년 3월 중국 신장
위구르 인권 침해에 연관된 공산당 간부들에 대해 미국, 영국,
캐나다 EU가 이 법에 따라 제재를 하기도 했다.

　　　　미 재무부는 해외자산통제국의 홈페이지에 글로벌
마그니츠키 인권법에 따른 제재 명단을 별도로 운용하고
있다. 현재 니카라과, 미얀마, 사우디아라비아, 이라크,
남아공, 캄보디아, 라트비아, 세르비아, 슬로바키아, 중국,
벨라루스 등에 대한 제재를 부과하고 있다. 특히 글로벌
마그니츠키 인권법과 관련된 문제는 EU, 영국, 캐나다 등과
함께 조율해 제재를 부과하고 있다.

　　　패션업계의 리스크, 강제 노동
_____

미·중 패권 전쟁에서 반도체만큼이나 치열하게 부딪히는
부분이 인권 문제다. 신장 위구르 지역은 청나라 이전엔
역사적으로도 중국이 아니었다. 종교도 이슬람교로 다르고,
외모와 언어도 중앙아시아 쪽과 연결된다. 당연히 중국
공산당 치하에서도 독립의 목소리가 높을 수밖에 없다.

결국 중국은 2010년 후반부터 '재교육'을 명분으로 독립 성향이 강한 신장 위구르 자치구에 사실상 강제 수용소를 운영하기 시작했다. 이 같은 '재교육 캠프'에 대한 보도가 잇따르면서 신장 위구르 지역은 인권 문제의 최전선으로 떠올랐다.

중국이 운영하는 수용소에는 위구르인 성인 인구의 12퍼센트가 수감돼 있는 것으로 알려졌다. 실제로 영국 BBC가 공개한 자료에는 최소 2884명의 신원이 사진으로 확인되기도 했다. 수감자는 15세 소녀부터 70대 노인까지 다양했다. 이들의 수감 사유는 석연치 않은 경우가 많았다. 무슬림 인구가 많은 국가를 방문했다는 이유 또는 이슬람 신앙을 표출했다는 이유로 감금되기도 했다. 중국이 이슬람 사원을 부수고 그 자리에 화장실을 지었다는 증언들도 나오고 있다.

중국 공산당은 신장 지역에 있는 900만 위구르인 가정에 100만 명의 공산당원을 파견해 함께 거주하며 감시하고 있는 것으로 알려졌다. 숙식은 위구르인이 제공해야 한다. 기숙사나 보호 시설에서 생활하는 어린이들은 중국어와 중국 문화를 배우고, 위구르어 사용도 금지되는 것으로 알려졌다. 국제앰네스티는 중국이 보호 시설을 전시 강제 수용소처럼 운영한다고 강하게 비판하기도 했다.

위구르인 남성은 직업 교육을 빌미로 강제 노동을 강요당하고 있는 것으로 알려졌다. 이 노동력을 중국 내 기업들끼리 주고받으면서 '노예 노동'이라는 비판까지 나온다. 비위생적인 환경, 가혹한 노동 강요로 많은 사상자도 생기는 것으로 전해진다.

수감 중 사망자도 나오고 있다. 자유아시아방송의 보도에 따르면 악쑤 지구 쿠차르현의 4개 수용소 중 하나에서 2018년 6~12월 반년 동안 150명이 죽었다. 2017년 수용소가 도입된 이래 처음으로 대량 사망이 확인된 사례다.

중국은 의혹이 제기된 초기에는 수용소의 존재 자체를 철저히 부정했다. 그러나 논란이 거세지자 수용소의 존재를 시인하면서 지역 분리주의 폭력에 따른 테러 대비를 위한 조치였다고 했다.

미국은 2020년 신장 위구르 인권법(Uyghur Human Rights Policy Act)을 제정해 이 지역의 인권 문제를 본격적으로 이슈화하기 시작했다. 이 법은 소수 민족에 대한 고문, 불법 구금 등 인권 탄압을 저지른 중국 관리의 명단을 정기적으로 의회에 보고하고, 이들의 미국 여행을 금지하며 미국 내 자산을 동결하도록 했다. 이에 따라 미국 재무부는 제재 대상 명단에 해당 공무원을 추가하고 있고, 미국 상무부도 제재 단체 리스트에 신장 위구르의 인권 침해 관련 기업들을 지정해 발표하고 있다.

이에 더해 미국 의회는 2021년 12월 위구르 강제노동방지법(Uygur Forced Labor Prevention Act)을 제정해 신장 위구르 자치구에서 생산된 모든 제품을 강제 노동으로 생산된 제품으로 추정하고 미국 내 수입을 금지했다. 만일 수입하고 싶다면 수입업자가 강제 노동으로 생산하지 않았다는 점에 대해 분명하고 확실한 증거를 제시해야 한다.

위구르 강제노동방지법은 실제 생산 지역과 무관하게 신장 위구르 지역과 연계되거나 강제 노동을 통해 타 국가에서 생산된 제품에도 적용되도록 하는 등 강제 노동을 제재 대상으로 특정한 법이다.

위구르 강제노동방지법은 전 세계 공급망에 벌써부터 큰 영향을 주고 있다. 미국 패션산업협회는 2024년 8월 발표한 연례 보고서에서 패션 기업 임원들의 여론 조사를 통해 업계의 가장 큰 리스크로 '강제 노동'을 꼽았다. 2022년만 해도 강제 노동은 세 번째 순위 정도였지만, 2023년 이후에는 계속해서 강제 노동 문제가 가장 큰 우려 사안으로 나타났다.

신장 위구르 지역은 전 세계 면화 생산의 중심지 중 하나로, 그곳에서 나온 옷감으로 옷을 만들면 제재 대상이 될 수 있다는 것이다.

이번 보고서 응답자의 90퍼센트 이상은 완제품 및 섬유, 원사 조달을 위해 공급망을 "더 잘 이해하고 맵핑(지도화) 하려는 노력"을 하고 있다고 답했다. 같은 질문에 대한 응답이 과거에는 40퍼센트대였던 것과 비교하면 급증한 수치다.

또 2022년 위구르 강제노동방지법이 시행된 뒤 80퍼센트 이상이 "고위험 국가에서 소싱을 줄이고 있다"고 했다. 또 75퍼센트의 응답자는 자사 의류 제품에서 "중국산 면화 사용을 금지했다"고 했다. 사실상 미국인들이 입는 옷에서 중국산 면화가 사라지고 있는 것이다.

신장 위구르 지역 인권 문제로 걸리는 품목은 원자재부터 공산품, 심지어 해산물까지 사실상 모든 제품이다. 미국 국토안보부는 2024년 7월 위구르 강제노동방지법 전략을 업데이트하면서 알루미늄, 폴리염화비닐, 해산물을 강제 노동으로 만든 상품의 수출 통제 우선 부문으로 지정했다.

이들 부문은 신장 위구르 자치구에서 강제

노동을 통해 생산되는 상품으로 간주돼 특별 관리 대상이
된다. 2024년 9월 기준 중국 본토의 68개 기업이 위구르
강제노동방지법 목록에 지정돼 있고, 이들 기업의 상품은
미국 내 수입이 제한된다.

"중국산 토마토케첩도 안 된다"

위구르 강제노동방지법으로 제재를 받는 기업은 신장 위구르
지역에만 국한되지 않는다. 중국 동부 연안의 기업과 거래를
했는데도 강제노동방지법에 따라 제재를 받을 수도 있다.

2024년 6월 미국은 신장 위구르 강제 노동과 관련된
3개의 중국 기업을 추가로 수출 금지 명단에 올렸다. 이번에
추가된 기업은 동관 오아시스 슈즈, 산둥 메이자 그룹, 신장
선후 석탄 전기 등이었다.

세 기업 중 신장 선후 석탄 전기만 신장 지역에
기반을 두고 있다. 나머지 두 기업은 해안 지방에 위치한다.
이들 회사는 신장에서 노동자를 공장으로 이주시킨 혐의를
받는다. 산둥 메이자 그룹은 산둥성에서 새우 등 해산물을
가공하는 업체이고, 동관 오아시스 슈즈는 광둥성에 있는

알루미늄 공급 업체다. 이제 해외 바이어는 공장까지 직접 방문해 신장 위구르 지역 노동자를 쓰고 있는지 직접 챙겨야 한다.

중국산 토마토케첩도 위험하다. 2024년 7월 자유아시아방송 보도에 따르면 이탈리아에서 변호사들이 신장 위구르 자치구에서 생산된 토마토 가공품에 대해 강제 노동으로 생산된 것이란 이유로 수입 금지를 요구했다. 이탈리아 변호사들은 신장 위구르 자치구에서 생산된 토마토 제품은 신장의 국영 농업 및 축산 투자 회사에 의해 생산된 것이라고 주장했다. 신장은 중국 토마토 제품의 80퍼센트를 생산하는 주요 생산지이다.

이탈리아 변호사들은 철도와 해상을 통해 2024년 5월 이탈리아 살레르노에 도착한 토마토 제품에 대해 이 같은 의혹을 제기했다. 이들은 해외 위구르인 단체와 영국의 위구르 인권 변호사들을 대신해 소송을 제기했다고 밝혔다. 이탈리아 인권 단체들도 이탈리아 정부에 제품 압류와 수입 관련 기업 조사를 요청하는 서한을 제출했다.

유럽 의회도 2024년 4월 강제 노동으로 생산된 제품의 EU 수입 금지 규정을 승인했다. EU도 사실상 신장 위구르 지역의 강제 노동을 겨냥한 것이다. 물론 제대로 시행되기 위해서는 유럽의 27개 회원국이 각기 의회 승인 절차를 거쳐야 한다. 이 때문에 전면 시행까지는 약 3년이 소요될 것으로 예상된다.

신장 위구르 지역에만 160만 개의 기업이 있다. 이들이 공급망 속에 어떻게 들어와 있는지를 모두 파악하기는 어렵다. 미국 등 서방의 신장 위구르 지역 인권 압박이 강화될 경우, 제재 대상 기업이 기하급수적으로 늘어날 수 있다.

대표적인 사례가 앞서 설명했던 2024년 폭스바겐 그룹의 포르쉐 스포츠카와 SUV, 벤틀리, 아우디 차량 수천 대가 미국 항구에서 압류된 사례다. 문제의 중국 업체는 2023년 위구르 강제노동방지법 위반으로 제재 대상에 오른 쓰촨 징웨이다 기술 그룹이다. 이 회사에서 만든 부품이 차량에 들어갔다는 것을 알게 된 폭스바겐이 미국 당국에 신고했고, 이후 항구에 억류됐다. 이런 글로벌 브랜드조차 자신의 공급망을 제대로 파악하지 못하고 있다.

"대북 제재는 남북이 풀 수 없다"

《제재의 국제정치학》을 쓴 임갑수 주루마니아 대사에 따르면

인권은 대북 제재에도 사실상 풀 수 없는 쇠사슬 역할을
하고 있다. 미국과 유럽 등의 대북 제재는 주로 핵·미사일
프로그램뿐 아니라 자금 세탁, 위조화폐, 인권 등을 이유로
중층적으로 이뤄지고 있다.

　　　북한 김정은과 미국 대통령이 담판을 지어 북한의
핵 폐기를 이끌어 낸다고 해도, 북한에 대한 모든 제재가
해제되지 않는다. 오히려 무역 제한과 금융 제재 대다수는
그대로 남는다. 대부분이 인권 문제와도 연관이 돼 있기
때문이다.

　　　예를 들어 인권 문제와 관련된 제재는
북한제재강화법, 제재를 통한 적성국 대응법, 오토웜비어법과
여러 행정 명령 등에서 중복적으로 부과되고 있다. 따라서
특정 법률에 규정된 인권 분야 제재를 정지하거나 해제한다고
해서 인권 분야 제재가 모두 해제되는 것은 아니다. 설령 미국
대통령이 미국의 국가 안보 위협이 해소됐다고 선언하면서
특정 제재를 해제하더라도 법률상 부과된 동일한 내용의
제재는 유지된다.

　　　북한제재강화법의 경우 북한 핵 프로그램과 자금
세탁, 사이버 범죄에 대응하는 것뿐 아니라 인권 문제와
관련된 제재도 중요한 부분을 차지하고 있다. 이 법은 북한이

국제 인권 규범을 준수하고 인권 침해를 중단하는 등의 개선을 이뤄야 제재 해제를 할 수 있도록 하고 있다. 사실상 정치범 수용소 폐쇄 등 북한이 받아들이기 어려운 요구 조건이 포함돼 있는 것이다.

2017년 북한과 이란, 러시아를 대상으로 통과된 '제재를 통한 적성국 대응법'은 별도 하위 항목으로 인권 관련 제재를 확대 강화했다. 대표적인 것이 북한의 해외 파견 노동자 관련 사항이다. 여기에는 이른바 '반박 가능 추정 원칙(rebuttable presumption)'을 적용했는데, 구체적인 증거로 반박해 증명하지 않으면 사실이라고 전제하는 원칙이다. 바로 위구르 강제노동방지법의 "신장에서 생산되는 모든 상품은 일단 강제 노동을 이용한 생산품으로 간주한다"는 원칙과 같은 것이다. 이에 따라 북한 노동력을 이용해 만든 제품은 불법적인 북한의 해외 파견 노동자를 고용해 생산된 것으로 간주해 미국 내 수입을 금지한다. 이는 북한 노동자를 대량으로 고용해 물건을 생산하는 러시아, 중국, 일부 아랍 및 아프리카 국가를 겨냥한 것이다. 사실상 북한 노동자를 쓰면 무조건 강제 노동으로 보고 제재를 할 수 있도록 한 셈이다. 이에 더해 해외에 파견된 북한 노동자를 고용한 외국인 또는 기업을 제재 대상에 추가 지정할 수 있는 권한도 대통령에게 부여했다.

2020년에 제정된 오토웜비어법은 미국 대학생 오토웜비어가 북한에 붙잡힌 뒤 사망한 사건 이후 만들어졌다. 이 때문에 북한의 인권 침해에 초점이 맞춰져 제정됐다. 특히 북한의 국제 금융 시스템 접근을 차단하고, 북한과 관련된 외국 금융 기관에 2차 제재를 가하는 조치를 포함하고 있다. 핵 문제가 해결된다고 해도 인권 문제의 해결 없이는 북한이 세계 자본의 투자를 받고, 개발에 나설 수 없게 되는 것이다.

이밖에 미국의 대외원조법도 공산 국가와 테러 지원 국가, 인권 침해 국가 등에 대한 지원이나 원조를 금지하고, 북한도 이에 따른 제재를 받고 있다. 또 북한은 심각한 인권 침해를 이유로 국제종교자유법 인신매매피해자보호법 등에 따른 제재도 함께 부과되고 있다.

미 국무부는 6개월마다 '북한의 심각한 인권 침해 및 검열 관련 보고서(Report on Human Rights Abuses and Censorship in North Korea)'를 의회에 제출하고 인권 관련 제재 대상 명단도 같이 발표하고 있다. 재무부는 이 보고서 발표에 맞춰 국무부 명단에 기재된 개인과 기관을 제재 대상으로 지정한다. 제재 대상에는 북한 김정은도 포함돼 있다. 이는 미국이 외국 지도자를 인권 침해만으로 제재

대상에 지정한 최초 사례다. 미국은 북한 인권 개선을 수교의
중요 조건으로 제시하고 있어, 향후 미국과 북한의 관계
정상화에도 인권은 큰 이슈가 될 수밖에 없다.

인권이 핵심 문제가 되는 나라는 북한 이외에도
베네수엘라와 미얀마 등이 있다. 둘 다 인권 침해와 민주주의
쇠퇴 등을 이유로 하고 있다. 미국은 2017년 11월 베네수엘라
마두로 정권의 인권 침해와 부정 선거로 인한 민주주의 가치
침해를 이유로 베네수엘라에 무기 판매를 금지하고, 관련
정치인과 관료를 대상으로 자산 동결 등의 제재를 부과했다.

베네수엘라에는 인권 문제 등의 이유로 수많은
제재가 가해졌다. 2024년 7월에도 대통령 선거 부정 의혹과
관련해 마두로 대통령과 가까운 고위 인사 16명이 제재
대상에 올랐다. 제재 대상에는 베네수엘라 대법원장과 검사,
국가보안군 지휘관 등이 포함됐다.

미얀마는 1996년부터 미국이 민주주의 탄압 및
인권 침해 문제로 제재를 부과해 왔다. 이후 미얀마에
민주적 정부가 들어선 뒤 제재를 풀었다가 2018년 다시
미얀마 군경에 의한 로힝야족 등 소수 민족 탄압이 이슈가
되면서 무기 금수와 함께 관련 군경 지도부에 대한 제재를
다시 부과했다. 이후 2021년 2월 미얀마에서 군사 쿠데타가

발생하자 제재 범위는 더 확대됐다.

　　미국과 국제 사회의 미얀마에 대한 제재가
심화하면서 미얀마 군부의 돈줄은 말라가고 있다. 미얀마
매체 〈이라와디〉는 2024년 8월 미얀마의 군사 정부가 외환
통제를 강화하면서 100개 이상의 수출 기업 관련자들이
감옥에 갈 위기에 처했다고 보도했다. 수출 기업들이 수출
대금으로 받은 미국 달러를 미얀마 화폐로 전환하지 않아
미얀마 군부가 이 같은 조치를 한 것으로 알려졌다.

　　미얀마 군사 정부는 수출 기업들이 벌어들인 외화를
국내 화폐로 전환하지 않는다고 판단해 107개 수출 기업의
면허를 취소했다. 12개 기업에는 1700만 달러를 미얀마
화폐로 전환하라는 명령을 내리기도 했다. 2024년 7월
미얀마 화폐인 짯의 환율은 달러당 4500짯에서 5400짯으로
급락했다. 미얀마 중앙은행의 달러 부족 때문으로 풀이된다.
그러나 중앙은행의 공식 환율은 달러당 2100짯으로 설정돼
있어 기업들은 환전을 최대한 피하고 있다.

　　이는 미얀마 군사 정부가 돈줄이 마르면서
외환 통제를 통해 전쟁 자금을 조달하고 있기 때문이다.
중앙은행에서 인위적으로 달러를 싸게 사고, 그 차익을 전쟁
자금으로 쓰고 있는 것이다.

미국이 이례적으로 제재를 풀어 주는 분야도 있다. 바로
인터넷을 통한 정보 유입이 가능할 때는 제재를 푼다. 미
재무부 해외자산통제국은 2024년 6월 쿠바 국민과 독립적인
민간 기업가들을 지원한다며 쿠바 자산 통제 규정(CACR)을
개정했다. 이 개정은 2024년 5월 28일 연방 관보에
게재되면서 발효됐다. 이는 바이든 행정부가 전개한 쿠바
유화 정책의 일환으로 쿠바에 정보 유입을 촉진해 민주화를
촉진하려는 의도다.

　　　미 재무부는 이번 개정을 통해 인터넷 서비스와
소프트웨어 허가를 대폭 확대했다. 쿠바인들이 소셜 미디어,
협업 플랫폼, 화상 회의, e-게임, e-러닝, 자동 번역, 웹 지도,
사용자 인증 서비스 등을 사용할 수 있도록 했다. 또 원격
데이터 저장, 콘텐츠 배포 네트워크, 소프트웨어 서비스 등
클라우드 기반 서비스도 허용했다.

　　　통신 인프라 지원도 할 수 있도록 했다. 통신 관련
아이템 설치, 수리 또는 교체를 위한 서비스 및 훈련을
허용하고, 정보 흐름을 개선하거나 쿠바의 민간 부문
활동을 지원하는 소프트웨어 개발을 허용했다. 또한 쿠바산

소프트웨어 및 모바일 애플리케이션의 제3국 수출 또는
재수출을 허용하고, 쿠바 기업가들이 글로벌 애플리케이션
스토어에서 소프트웨어와 애플리케이션을 제공할 수 있게
했다.

　　'자영업자'라는 용어도 '독립적 민간 기업가'로
대체했다. 이렇게 하면 개인이 아니라 최대 100명의 직원이
있는 소규모 민간 기업도 여기에 포함된다. 미국은 이들
독립적 민간 기업가들이 미국 내 은행 계좌를 개설하고
유지하며 원격으로 사용할 수 있게 했다. 온라인 결제
플랫폼을 통한 거래도 풀어 줬다.

　　쿠바인들이 미국의 소셜 미디어를 맘껏 활용할 수
있도록 해 정보 유입 창구를 만든 것이다. 또 쿠바인들이
글로벌 시장에 접근할 수 있도록 하면서 상호 교류할 수 있는
통로를 열어 줬다. 물론 쿠바 고위층이나 제재 대상자들은
이런 접근에서 배제된다.

　　비슷한 시기에 미 재무부 해외자산통제국은 이란
거래 및 제재 규정(ITSR)도 개정해 인터넷 자유를 지원하기
위한 장비와 서비스를 포함한 여러 항목의 수출 및 재수출을
허용하는 조항을 통합했다.

　　2024년 5월부터 발효된 이 지침은 인터넷 통신을

지원하는 서비스 및 소프트웨어의 이란 수출 또는 재수출을 허가했다. 주요 항목으로는 인터넷 연결 서비스, 클라우드 기반 서비스, 통신 지원 하드웨어 및 소프트웨어 등이 포함된다. 쿠바와 비슷한 지원이 가능하다.

10장. 한국, 줄타기의 끝이 온다

미국과 유럽, 중국, 중동 등 전 세계가 제재와 자금 세탁
문제로 들끓고 있지만, 한국은 상대적으로 조용하다. 사실
이는 한국에서 이런 제재 위반이 없어서가 아니라, 아직
제대로 이슈가 되지 않고 있기 때문이다.

　　　정부의 관심도 아직 미국이나 유럽만큼 높지 않다.
2024년 8월 미국 과학국제안보연구소(ISIS)가 전 세계
200여 개 국가와 지역을 대상으로 전략 물자 무역 관리
제도를 평가한 위험확산지수(PPI)에서 한국은 1004점으로
19위를 기록했다. 2022년 발표에선 987점으로 10위, 2020년
발표에선 897점으로 17위를 차지했던 것을 감안하면, 점수는
올랐는데 순위는 떨어졌다. 우리가 못해서라기보다 다른
나라가 수출 통제와 제재에 대한 규제와 집행을 그사이
강화했다고 볼 수 있다. 그만큼 세계가 제재와 수출 통제
문제를 엄중히 여긴다는 것이다.

　　　오히려 한국에서는 미국과 유럽이 중국과 러시아에
대한 제재를 쏟아 낼 때 이를 이용해 중·러 사이에서
이득을 취해야 한다는 의견도 많은 것이 사실이다. 실제로
외교관들의 얘기를 들어 보면 제재를 받을 뻔한 많은 사건이

있었지만, 동맹을 고려해 미국이 넘어가 준 사례도 많다. 특히 국내 은행들의 경우 국가가 제재 무마에 나선 적도 있을 정도다. 대기업들도 문제가 생기면 정부를 붙잡고 애걸했고, 결국엔 미국이 넘어가 줬다는 후일담도 들린다.

문제는 이 같은 '아닌 척', '모르는 척', '순진한 척'이 언제까지 작동할 수 있을지 알 수 없다는 것이다. 2024년 2월 미국 상무부는 전격적으로 경남 김해의 대성국제무역을 제재한다고 발표했다. 이 업체는 2023년부터 2024년까지 군사용 무기 제조에 쓰일 수 있는 '금속 가공 CNC 밀링 머신(금속 제품 가공용으로 설계됨)'을 조립되지 않은 상태로 제공하는 등 총 5차례에 걸쳐 러시아로 수출한 것으로 알려졌다.

그러나 대성국제무역의 대표인 파키스탄 국적의 하산 씨는 당시 언론과 통화에서 제재 대상이란 것을 기자로부터 처음 들었다며 "한국 정부에서 아무런 연락을 받지 못했다"고 했다. 그는 "한국에 와서 정착한 지 오래됐고, 그간 기계 품목을 세관에서 전략 물자 허가를 받아 인도 등에 주로 수출해 왔다"고 설명하면서 "러시아와 거래는 전혀 없었다"고 했다. 하산 씨의 설명대로라면 자신도 모르는 사이에 러시아로 수출됐다는 것이다.

문제는 이처럼 적발되는 사례가 빙산의 일각일 수
있다는 것이다. 실제 러시아 인근의 국가로 한국의 수출은
급증하고 있다. 이를 미국이나 서방이 언제까지 눈감아
줄지는 알 수 없다. 인내심이 바닥나는 날 한국 기업에 대한
대대적인 제재 조치가 내려질 수 있다.

2024년 상반기 카자흐스탄과 키르기스스탄을 향한
자동차 수출은 사상 최대치를 기록했다. 카자흐스탄으로
수출한 한국산 신차는 2023년 같은 기간보다 6.5퍼센트
증가한 8029대로 집계됐다. 반기 기준 카자흐스탄 수출이
8000대를 넘은 것은 이번이 처음이다. 2020년 상반기
카자흐스탄 수출은 1101대 수준이었던 것을 감안하면
8배가 늘었다. 우크라이나 전쟁이 터져 러시아 경제 제재가
본격화한 2022년 같은 기간에는 5917대가 수출됐고, 2023년
상반기엔 7540대를 기록했다.

인접국인 키르기스스탄 수출도 급증했다. 이곳
역시 러시아 우회 수출 통로로 분류된다. 특히 키르기스스탄
수출은 중고 화물차 중심으로 급증했다. 2020년 상반기 730대
수준이었던 키르기스스탄 중고 화물차 수출은 2023년 같은
기간 2319대로 217퍼센트 폭증했다. 2024년에는 이 기록보다
55.2퍼센트 증가한 3601대가 수출됐다. EU는 5톤 이하

화물차도 전쟁 물자로 분류해 러시아로 수출 제한을 하고 있다. 사실상 서방의 눈으로 보면, 한국이 전쟁 물자를 그대로 수출하고 있는 것으로 보일 수 있다.

무역업계에선 한국에서 생산한 신차와 중고차 상당수가 카자흐스탄과 키르기스스탄을 거쳐 러시아로 흘러 들어갔다고 보고 있다. 카자흐스탄 최대 도시인 알마티에서 통관을 거친 다음, 트럭에 실리거나 철로 운송로를 이용하는 것으로 알려졌다.

실제로 2024년 1월에는 카자흐스탄과 키르기스스탄에 자동차를 수출하는 것처럼 꾸민 일당이 세관 당국에 적발되기도 했다. 이들은 운송 과정에서 수취인을 바꿔 러시아로 우회 수출을 시도했다. 이뿐 아니다. 2023년에 뜬금없이 한국의 반도체 수출이 카자흐스탄으로 수십 배가 늘어나기도 했다. 러시아로의 우회 수출을 의심할 수밖에 없다.

한국 기업들도 두려움을 직접적으로 느끼고 있다. 산업통상자원부 산하 무역안보관리원(KOSTI, 옛 전략물자관리원)에 따르면 2023년 수출 품목의 전략 물자 해당 여부에 대해 '전문 판정'이 이뤄진 건수는 4만 1000건에 달하는 것으로 집계됐다. 이 중 전략 물자에 해당하지는 않지만, 대량 파괴·재래식 무기 제조용으로 전용될 가능성이 높아 수출 허가가 필요한 '상황 허가'로 판정한 건수는 7000건에 달했다. 2017년 1만 8038건이던 전문 판정 건수는 2018년 3만 1326건으로 3만 건을 돌파했고 2023년에는 처음으로 4만 건을 돌파했다. 통상 이 중 10퍼센트 정도가 '전략 물자에 해당한다'는 판정을 받게 된다.

지금 이 순간에도 제대 대상 기업과 몰래 거래하거나, 제재 가능성이 큰 분야와 거래하다 자금이 동결되는 중소기업, 심지어 대기업이 나오고 있다.

수출 업체 A사는 2024년 초 서울세관에서 대외무역법과 관세법 및 범죄수익은닉규제법 위반으로 적발됐다. 2020년부터 3년간 국내 한 통신 장비 업체가 수입한 미국 유명 반도체 회사의 통신용 반도체 IC칩 139억 원어치를 중국으로 밀수출하고 대금 회수를 위해 허위 송품장을 쓴 혐의다. 이 IC칩은 전략 물자에 해당해 정부의 허가 없는 수출입이 금지돼 있다.

수출 업체 B사도 같은 해 부산본부세관에서 155억 원 상당의 초정밀 공작 기계를 러시아에 불법 수출했다가 적발됐다. 초정밀 공작 기계는 대량 살상 무기 등의 제조에 사용될 가능성이 있어 국제적으로 통제되는 전략 물자로,

정부 허가 없는 수출이 금지된 품목이다. B사 대표는 2022년 러시아가 우크라이나를 침략하면서 수출길이 막히자 저사양 공작 기계로 모델명을 허위 신고했고, 중국이나 중앙아시아 국가들을 경유한 우회 수출을 꾀하기도 했다.

우리 스스로 이런 불법이나 제재 회피 행동을 제어하지 않을 경우, 언제든 미국이나 유럽도 '정무적'으로 판단해 한국 기업을 제재할 수 있는 환경은 충분히 만들어져 있다. 만약 한미 관계가 껄끄러워지는 상황이 생기면 그 피해는 고스란히 한국 기업에 돌아올 수밖에 없다.

준비되지 않은 기업과 정부

한국은 외환관리법이 엄격해 국제적 자금 세탁이 어려운 것으로 인식되지만, 해외 보도를 보면 한국과 한국인의 대규모 자금 세탁 보도가 이어지고 있다. 암호화폐 산업이 발달했고, 자본 유출입도 중국 등과 비교해선 상대적으로 자유롭기 때문이다.

2024년 8월 홍콩 세관은 15억 홍콩 달러(2639억 원)에 달하는 범죄 수익을 암호화폐 거래와 200개 이상의

은행 계좌를 통해 처리한 돈세탁 조직을 적발했다. 용의자는
가족 3명을 포함한 4명으로 이들이 세탁한 돈은 한국에서
들어온 것으로 알려졌다.

이 조직은 39세 남성과 그의 66세 아버지가
운영했다. 두 사람은 6개의 유령 회사를 설립하고 39개의
은행 계좌를 이용해 한국에서 들어온 의심스러운 자금을
세탁했다. 홍콩 세관 관계자는 "이 조직은 전통적인 은행
이체와 암호화폐 거래를 사용해 불법 자금을 세탁했다"고
했다.

또 2020년 8월부터 2022년 8월까지 2000건 이상의
거래를 통해 해외에서 유령 회사의 은행 계좌로 15억 홍콩
달러가 입금됐다. 그러나 구체적으로 한국에서 얼마의 자금이
어떻게 왔는지는 밝히지 않았다.

싱가포르에서도 비슷한 사건이 있었다. 2024년
9월 싱가포르 경찰은 15억 싱가포르 달러(1조 5000억 원)에
달하는 자금 세탁과 사기, 현금 이동 미신고 등 여러 혐의로
한국인 김모 씨를 기소했다. 김 씨는 싱가포르에서 금괴를
구매한 뒤 공구로 위장해 한국과 일본으로 밀반출한 것으로
알려졌다.

싱가포르에 거주하는 김 씨는 2014년부터 2017년

사이에 한국과 일본을 통해 15억 싱가포르 달러 이상의
자금 세탁 등을 한 혐의를 받는다. 김 씨는 이 돈으로
1킬로그램짜리 금괴 2만 8000개를 구입했다. 그는 같은 기간
싱가포르 세관과 세 곳의 물류 회사를 속인 혐의도 받고 있다.
김 씨는 물류 회사를 통해 한국과 일본으로 화물을 보내면서
공기압 공구만 실어 보낸다고 신고했지만, 실제 이 화물엔 2만
3000개 이상의 금괴가 포함돼 있었다.

싱가포르 경찰은 또 김 씨가 2만 달러 이상을
소지하고 출입국을 하면서도 제대로 신고하지 않았다고
밝혔다. 싱가포르에서는 출입국을 할 때 통화 또는 유가 증권
총액이 2만 싱가포르 달러를 초과할 경우 이를 신고해야 한다.

김 씨는 2023년 12월 전모 씨와 공모해 싱가포르
세관을 속인 혐의도 받는다. 그러나 이에 대한 자세한 혐의는
공개되지 않았다. 김 씨의 자금 세탁 혐의는 최대 10년의
징역형과 최대 50만 싱가포르 달러의 벌금형을 받을 수 있다.

홍콩과 싱가포르의 사례는 한국이 자금 세탁에
취약하다는 것을 보여 준다. 한국은 제도적으로도 미흡하다는
평가를 받는다. 국제자금세탁방지기구가 2024년 7월 내놓은
보고서에서 한국은 변호사, 회계사, 부동산 중개인 등 이른바
자금 세탁 '게이트 키퍼'에 대한 권고 사항을 단 5퍼센트만

준수해 세계 꼴찌 수준의 자금 세탁 관련 제도적 장치를 갖추고 있었다. 한국보다 순위가 낮은 나라는 미국과 호주, 중국이었다. 그러나 미국과 호주는 국제자금세탁방지기구의 권고 사항을 그대로 이행하지 않고 자신들만의 기준을 만들어 운영하고 있고, 주마다 제도가 달라 상황이 좀 다르다.

국제자금세탁방지기구는 부동산 중개인, 변호사 및 기타 법률 전문가, 회계사, 신탁 및 회사 서비스 제공자 등을 게이트 키퍼로 지정해 자금 세탁 방지 의무를 제도적으로 부과할 것을 요구하고 있다. 또 부패와 그에 따른 자금 세탁 활동을 의도적으로 촉진하는 게이트 키퍼에 대해 조치를 취할 수 있는 규제 기관을 둘 것을 권고하고 있다.

국제자금세탁방지기구는 최근 35개국을 대상으로 조사한 결과, 평균적으로 권고 사항의 74퍼센트를 준수하고 있었다고 밝혔다. 권고안을 100퍼센트 준수한 국가는 포르투갈, 룩셈부르크였고, 90~99퍼센트는 말레이시아, 터키, 싱가포르, 아이슬란드, 영국, 사우디아라비아, 남아프리카 공화국, 노르웨이, 덴마크, 스페인, 이탈리아, 핀란드, 스웨덴, 홍콩, 오스트리아 등이었다.

이런 상황에서도 한국은 이들 직군에 대한 자금 세탁 방지 의무가 언제 도입될지 알 수 없다. 한국은 의무화는커녕

'협조 요청'만 하고 있다. 국제자금세탁방지기구가 금융
회사에 부과되는 자금 세탁 방지 의무를 변호사, 회계사
등 비금융 전문직 사업자에게도 부과하도록 권고한 것이
2012년이었던 것을 감안하면, 12년 넘게 제자리걸음인
셈이다. 2017년에 변호사와 회계사 등에 자금 세탁 방지
의무를 부과하는 법률이 발의되기도 했지만, 변호사와 회계사
업계의 강한 반발로 폐기됐다.

　　　　한국 금융정보분석원은 2024년 2월 변호사협회,
회계사회 등에 자금 세탁 방지 의무에 대한 논의를 진행했고
협조를 요청했다. 금융정보분석원 관계자는 언론에
"법적으로 의무화하는 것에 대한 업계의 반발 등을 고려해서
협회의 자율 규제 방식을 검토하고 있다"고 말하기도 했다.

　　　　금융정보분석원은 2024년 업무 계획을 통해
법률·회계 등 서비스 제공 과정에서 자금 세탁 위험을
포착·예방하기 위해 변호사, 회계사 등 전문직에게
'선(先)자발적 협조, 후(後)제도화'를 검토하겠다고 밝혔다.
자발적 협조는 대한변호사협회와 한국공인회계사회
등이 내부 규정에 '자금 세탁 방지 의무'를 명시하고 협회
차원에서 자율 규제를 실시하는 방식이다. 금융 당국은
자율 규제에 이어 법안 개정을 추진하는 단계적 제도화를

고려하고 있다. 그러나 현실적으로 이익 단체의 반발이
거세 '자발적 협조'가 제대로 작동되기는 쉽지 않은 구조다.
국제자금세탁방지기구는 2020년 한국에 대한 국제 기준
이행 평가에서 이들 게이트 키퍼에 대한 자금 세탁 방지 의무
부과를 최우선 과제로 지적하기도 했다.

경고장 날린 미국

그러나 한국의 줄타기에도 끝이 다가오고 있다는 경고 신호는
계속되고 있다. 국제 정세나 미국과 유럽의 정서가 한국을
계속 봐줄 수는 없게 만들고 있다.

미국 상무부 산업안보국은 2024년 10월 텍사스주에
있는 퍼스트콜 인터내셔널(First Call International)에
허위 문서를 제출하고, 허가 없이 군용 부품을 한국과
말레이시아에 수출한 혐의로 44만 달러의 벌금을 부과했다.
해당 문서는 허가 요건을 충족한 것처럼 꾸미기 위해 날짜를
속인 것이었다.

퍼스트콜은 거래가 수출 규정을 준수하는 것처럼
보이도록 문서를 백데이트(backdate)해 제출했다. 문서를

정해진 시한까지 작성할 수 없자 문서 작성 일자를 실제 작성일보다 이전 날짜로 조작해 문제없이 보이도록 한 것이다. 퍼스트콜은 2019년 7월 19일 한국 내 헬리콥터 정비 시설에 한국 해군의 UH-1H 헬리콥터의 정비를 위한 부품 1603달러(200만 원)짜리 브라켓 1개를 발송했다.

또 2020년 1월 8일엔 말레이시아로 군용 항공기 부품을 허가 없이 수출했다. 구체적으로 F/A-18 호넷 전투기용 센서 등 7개 부품 3만 5925달러어치가 수출됐다. 한국과 말레이시아에 수출된 부품의 총액수는 3만 7528달러에 불과했지만, 벌금 44만 달러를 받은 것이다.

미국은 우방국인 한국에 200만 원짜리 헬리콥터 부품을 하나 보냈다고 자국 기업을 제재한 것이다. 그만큼 수출 통제를 엄하게 보고 있다는 뜻이다. 이를 공개적으로 발표한 것도 한국 등에 수출 통제와 관련한 경고를 보내기 위한 것으로 해석된다. 한미 관계가 틀어지거나 삐걱거릴 경우 언제든 제재의 칼날이 한국을 겨냥할 수도 있다.

2024년 2월 김해에 있는 대성국제무역이 제재당한 것도 한국에 대한 경고로 읽어야 한다. 미국은 제재하기 전에 대성국제무역 측에 어떤 연락도 하지 않았다. 본인들의 정보만을 가지고 전격적으로 제재한 것이다.

상황은 다르지만, 미국이 한국계 북한 전문가인 수미 테리 박사를 사실상의 간첩 혐의로 기소한 것도 맥락은 비슷하다. 테리 박사는 미국 중앙정보국(CIA) 출신이지만, 미국은 테리 박사가 정부에 신고하지 않고 한국의 이익을 대변해 주는 활동을 했다며 2024년 7월 재판에 넘겼다. 주목해야 할 점은 미국이 테리 박사를 재판에 넘기기 전 10년 넘게 관찰해 왔다는 점이다. 미국의 제재 관련 사건 공소 시효도 10년이다.

미국 검찰 공소장에 따르면 테리 박사는 2013년 외교관으로 등록한 한국 국가정보원 요원과 접촉하기 시작해 2023년까지 국정원 측과 만남을 이어 갔다. 검찰은 테리 박사가 국정원 간부의 요청으로 전·현직 미 정부 관리와의 만남을 주선하거나, 미 언론과 싱크탱크 보고서에 한국 정부의 입장을 대변하는 글을 기고하는 등 한국 정부의 대리인으로서 역할을 했다고 주장했다.

테리 박사는 또 2019년 국정원에서 파견된 워싱턴 한국대사관의 공사참사관으로부터 2845달러(390만 원)의 돌체&가바나 코트와 2950달러(407만 원) 보테가 베네타 가방 등 명품 선물을 받았다. 2021년에는 국정원 측으로부터 3450달러(476만 원) 상당의 루이비통 가방을 받은 것으로 파악됐다. 검찰은 이 같은 사실을 해당 국정원 간부의 신용카드 결제 명세와 매장 CCTV 화면을 통해 확인했다.

검찰은 테리 박사와 국정원이 긴밀한 관계를 유지해 왔다는 증거로 2020년 8월 국정원 관계자 2명이 테리 박사와 뉴욕의 한 식당에서 저녁 식사를 하는 모습이 담긴 사진을 재판부에 제출했다. 검찰은 또 국정원이 2022년 테리 박사가 근무하던 한 싱크탱크에 한국 문제에 대한 공공 정책 프로그램을 후원한다는 명목의 자금 3만 7000달러(5100만 원)를 전달한 것으로 파악했다.

테리 박사는 같은 해 토니 블링컨 미 국무장관이 참석한 대북 전문가 초청 비공개 간담회 내용을 국정원에 전달했다는 혐의도 받는다. 테리 박사는 회의가 끝나자마자 국정원 파견 공사참사관의 차량에 탑승했고, 공사참사관은 테리 박사가 적은 메모를 사진으로 촬영했다.

서울에서 태어나 미국으로 이주해 귀화한 테리 박사는 2001년부터 2008년까지 CIA에서 동아시아 분석가로 근무한 뒤 백악관 국가안보회의(NSC) 한반도·일본·오세아니아 담당 국장을 지냈다. 2011년 공직을 떠나 국제전략문제연구소(CSIS), 윌슨센터 등 싱크탱크에서 대북 연구원으로 활동했다.

이처럼 미국은 지켜보다가 결정적인 순간을 택해 한 번에 제재하는 경우가 많다. 한국의 반도체를 포함한 수출이 갑자기 러시아 인근의 카자흐스탄으로 급증하고 있지만, 아직 아무 일도 없다. 또 반도체 수출은 중국으로 유입 가능한 홍콩으로도 크게 늘었다. 하지만 미국의 제재 칼날은 어느 날 갑자기 들이닥칠 수 있다. 줄타기가 어느 날 어떻게 끝날지는 아무도 모른다. 이 모든 걸 미국은 이미 알고 있다. 그래서 미국은 제재 공소 시효를 5년에서 10년으로 늘렸다.

제재 규정 준수 프로그램

미국의 제재는 언제 어떻게 들이닥칠지 아무도 모른다. 그러나 한국 기업들은 사실상 삼성, 현대 등 글로벌 기업이나 시중 은행을 제외하고는 이 같은 제재에 무방비 상태로 있다고 해도 과언이 아니다.

제재는 아무리 피하려 해도, 마음먹고 속이려는 사람이 있다면 제대로 못 피할 수밖에 없다. 미국도 이걸 잘 알고 있다. 이 때문에 미국은 기업에 제재 규정 준수 프로그램 혹은 수출 규정 준수 프로그램(Export Compliance

Program·ECP)을 만들 것을 사실상 의무 사항으로 하고 있다. 제재 규정 준수 프로그램이 있고 평소 제재 위반 예방 교육이 잘됐을 경우 벌금을 50퍼센트 이상 깎아 준다. 중대 위반이 아닐 경우에는 경고에 그칠 수도 있다. 물론 이는 제재 위반이 발생했을 때 자발적 신고를 하는 것을 전제로 한다.

국내 은행들도 우크라이나 전쟁 후 거액을 들여 제재 규정 준수 프로그램을 제작한 것으로 알려졌다. 언제 어떻게 제재 위반 사건이 일어날지 모르니 최대한 준비를 해놓겠다는 것이다. 그러나 이는 은행 같은 대규모 조직의 경우이고, 중소기업은 간단한 제재 규정 준수 프로그램을 제3자를 통해 만들고 제재 담당 임원과 담당자를 지정해 교육하면 된다. 또 최대한 거래 기업에 대해 스크린하고 이를 기록으로 남겨 놓으면 된다.

제재 규정 준수 프로그램은 각종 기업이 홈페이지에 ESG 경영 관련 문서를 띄워 놓는 것과 비슷하다. 경영진이 '제재 준수' 서약을 하고 이를 홈페이지에 올려놓으면 좋다. 그런 다음 조직에 제재 위반 여부를 스크린할 수 있는 담당 직원을 지정하고, 정기적으로 직원 교육을 해야 한다. 또 제재 규정은 워낙 자주 바뀌기 때문에 미국은 제재 규정 준수 프로그램도 주기적으로 업데이트하길 권고하고 있다.

앞서 설명한 호주 물류 기업 톨 홀딩스 사례가 대표적이다. 톨 홀딩스는 북한, 이란, 시리아 등과 2958건의 거래해 최대 벌금이 8억 2643만 달러(1조 900억 원)에 달했지만, 실제 부과받은 벌금은 613만 달러(76억 원)에 불과했다. 1조 원 넘게 벌금을 깎은 것이다.

이렇게 벌금을 파격적으로 깎을 수 있었던 것은 톨 홀딩스가 제재 위반 자진 신고를 한 뒤, 제재 관련 내부 규정을 완전히 바꿨기 때문이다. 또 아예 북한, 이란, 시리아 등으로는 물품 배송 자체가 안되도록 시스템을 바꿨고, 직원들과 협력 업체에까지 제재 예방 교육을 철저히 실시했다. 이 같은 노력에 미 재무부는 1조 원 넘는 벌금을 깎아 준 것이다.

거래할 때는 상대방을 미리미리 알아봐야 한다. 미국은 재무부와 상무부, 국토안보부 등의 제재 정보를 모두 모은 통합리스트를 운영하고 있다. 이곳에서 검색하면 미국 정부의 모든 제재 리스트를 알 수 있다.

미국만 검색하면 부족하다. 러시아 등에 대해서는 유럽과 영국 등의 자체 제재 리스트가 있고, 그 외에 다른 나라들도 모두 각각 제재를 하고 있기 때문이다. 여기에다 동남아나 아프리카 국가 등에서는 정치인들이 대주주인지도 잘 살펴야 한다. 자칫 정치적 사건에 휘말리면 그 나라 혹은 인근 나라 정부의 규제를 받을 수도 있다.

이 경우 필자가 만든 생크션랩에서 '제재 리스트 DB'를 검색하면 세계 각국의 244개 데이터 소스로부터 170만 엔티티의 제재 위반 여부를 무료로 확인할 수 있다. 이 자료는 독일의 오픈생크션스(opensanctions.org)와 협약을 통해 받는다. 미국의 통합 리스트에 약 2만 개의 제재 대상이 있는 것을 감안하면 리스크 판단을 할 수 있는 정보의 양이 훨씬 많다. 이 중에는 제재 위반을 한 것이 아니라 과거 이란이나 북한 등과 거래한 기록이 있는 경우도 상당수 포함되고, 전 세계 유력 정치인들의 정보도 있다.

이를 무료로 공개하는 이유는 국내 기업이 새롭게 거래를 시작할 때 꼭 거래 상대방을 챙겨 보길 원해서다. 간단한 검색만으로 제재 위반 가능성을 줄일 수 있고, 이를 기록으로 남겨 두면 만에 하나라도 제재 위반 조사가 들어올 때 반박 자료로 쓸 수도 있다.

어떤 기업이든 제재를 위반할 수 있다. 작정하고 속이려는 기관 혹은 단체를 피할 수는 없다. 문제는 이런 상황에 대한 준비가 제대로 돼 있는지 여부다. 세계는 격변하는데 한국 기업들은 준비가 사실상 '제로' 수준이다. 우크라이나 전쟁에 북한이 파병한 것은 한국을 둘러싼 지정학을 더욱 불안하게 만들고 있다. 미국과 유럽 등 글로벌 제재 규정을 이해하는 것은 몰아치는 폭풍 속을 항해하기 위한 가장 기초적인 준비다. 한국과 한국 기업들의 안전한 항해를 기도한다.

에필로그: 폭풍 속을 안전하게 항해하기

이 책은 오늘의 평화가 내일도 이어지길 바라는 분들을 위해 쓴 책이다. 아직 숨 돌릴 시간이 있을 때, 미래를 그려 보는 사람들이 있다. 그 미래가 부정적이든 낙관적이든, 닥쳐올 도전에 어떻게 응전할지 전투적으로 으르렁거리며 준비하는 사람들 말이다. 이런 사람들에게 내일의 평화가 주어진다.

지난여름 한 투자자를 만났을 때였다. "자칫하면 한국 기업들도 제재를 당할 수 있고, 실제로 코앞까지 왔다"고 말했지만 "네, 그럼 대기업 하나 문 닫으면 오세요"라고 했다. "트럼프가 대통령이 되면 문제가 더 커지고……"라고 설명했지만, 그는 무슨 상관이냐는 듯한 표정을 지었다.

반면 또 다른 투자자는 "제재는 한 번에 바뀔 트렌드가 아니다. 일단 발을 담그고 때를 기다리자"고 했다. 트럼프 리스크에도 민감하게 반응했다. 그는 얼마 안 가 투자를 결정했다. 세상을 대하는 태도의 차이였다. 오늘과 같은 내일이 이어질 것이라고 가정하는 사람과, 오늘 대비하지 않으면 내일의 안락함은 없다고 생각하는 사람의 생각은 다를 수밖에 없다.

현장은 지금 요동치고 있다. 미국으로 배터리 부품을 수출해도 원산지를 확인한다며 항구에서 잡히기 일쑤다. 항구에 잡히면 하루에 3만 달러의 보관료를 내야 했는데 20일

넘게 잡힌 회사도 있었다. 이때 미국 정부 규정에 맞춘 제재 규정 준수 프로그램과 부속서류를 미리 만들어 놓으면 통관에 도움이 되지만, 존재 자체를 몰라 허둥거렸다. 이 회사가 제재 규정 준수 프로그램을 만든 뒤에는 통관에 6일밖에 걸리지 않았다.

어떤 수출 업체는 해외로 반제품을 보내 조립한 뒤 미국으로 수출하는데, 최근에 세관에서 자꾸 걸린다고 불편을 호소했다. 한 은행은 제재 문제로 미국에서 거액의 벌금을 물게 생겼다는 얘기도 들린다. 이유는 잘못을 해서가 아니라 제재 관련 규정을 제대로 만들지 않아서 그렇다고 한다. 방심이 부른 안타까운 현실이다.

미국의 규정은 점점 더 빡빡해지고 보이지 않는 무역 장벽은 높아지고 있지만, 우리는 아직 반도체 수출이 잘되느냐 마느냐, 자동차 수출이 역대 최고를 기록하느냐 마느냐 숫자에만 관심이 있을 뿐이다. 반면 일본에선 대기업 50퍼센트가 '제재 관련 정보가 너무 부족하다'고 답해, 제재 정보에 대한 갈급함을 표시했다.

'광야에서 외치는 자'가 돼야 한다고 생각했다. 바닥부터 변하고 있는 지형을 알려야 한다는 생각 때문이다. 이 책을 쓰기 위해 워싱턴 특파원을 할 때부터 7년간 틈틈이 모은 제재 관련 자료를 정리하니 2000페이지가 넘었다. 미백악관과 법무부, 재무부 등의 자료와 제재와 컴플라이언스 관련한 전문 매체 정보도 긁어모았다. 책을 쓰기 위해 아침 8시부터 밤 11시까지 밥 먹는 시간만 빼고 몇 달을 매달렸다.

이 책에 있는 사례들은 반도체와 중국 부분을 제외하곤 한국에 거의 보도되지 않은 사례들이다. 알려지지 않은 사례를 많이 넣으려다 보니 쳐내고 쳐냈는데도 책이 사례로 가득 찼다. 독자들이 읽을 때 지루함을 느끼지 않을까 걱정됐지만, 전 세계에서 일어나는 일을 있는 그대로 보여 주고 싶었다.

또 하나 바라는 것이 있다면, 이 책을 기업인만큼이나 공무원들이 많이 읽어 주면 좋겠다. '제재 전쟁' 시대엔 협상력 있고 뛰어난 공무원들이 나라의 운명을 좌우할 수 있다. 전문 지식으로 무장한 엘리트 공무원들이 미국, 중국과 치열하게 밀고 당긴 협상의 '한 줄'이 국내 산업을 살리고 죽이는 결정적인 장면이 될 것이다. 공무원들이 정권의 눈치를 보지 않고 국익을 위해 일할 수 있는 환경을 만들어 주는 것이 제재 전쟁 시대에 살아남는 가장 중요한 요소 중 하나라고 생각한다.

이 책은 다가올 제재 전쟁 시대에 대비한 리스크

관리의 첫걸음일 뿐이다. 생크션랩은 제재에서 출발해 쪼개지고 블록화되는 세계에서 한국과 기업들의 나침반이 되기 위해 노력할 것이다. 벌써부터 폭풍우가 몰아치기 시작했다. 더 이상 주저할 시간이 없다.